Monsieur   Paris

Monsieur d'Hozier Con.er du Roy
& de ses Conseils chez Mr du plessis
- Guenegaud proche la porte de
Nesle   Paris.

Camus ce 30 Juillet
1660.

J'envoyeray aujourd'huy une Lettre au Cte Arondelic qui se
marie à reg. l'on m'a dit. mais j'ay peyne à le croyre
puis qu'en l'age où il est, et aux affes qu'il a. il ne le
pleut fer. avantageusement. outre qu'il ne voudra pas un
Marye si Important sans mon origina[l]. Il a rendu —
Il y a long temps sa charge de Bailif de Dombes à —
Claude de Pourchoy Sgr. de Franchelins.

Ou Diable est all[é] pescher L'Espingle Tristan; Le Marquis —
qui folle. et lon s'est il aussi de luy d'icy La Roche
Marechal de Montjoye. Iceluy de Nay escrivit affe qu'il se
garde de . no. Buffon passe. que j'en doutes jamais avis à —
Leur pres[iden]t. qu'il alloit de heure en heure en heure. sa
Ligue fameuse. cuy est un plat pourry de Mensonges et
de flatheries au pied entier. un que nofer, u m'a sa fu un voyage te il siane
Ecuy ne pourroy je adreste pas avoir la lieue du Comte
de Varuig. et je sibois donne L'azy. à Parif. il est si beau
y. vous dite Il faut avoir la curiosité de le lire
et de luy ignut à du donner en sa Presace.

Ne m'accusés point de vous avoir manqué de parolle. [...]
Connra Reals. après le [...] de Tristan. Jay demandé
[...] à l'autheur [...] vous qui fait la seconde onelle [...]
qui ne m'a plus [...] il y a plus de 8 mois. et il n'y a à
[...] à plusieurs. après le 2. l'[...] l'ayant fait
imprimer à les frais. il[...] a tous les exemplaires
le Rostcheur [...] quelques [...] en attrapé un [...] —
[...] Dim[...] à mon aduis respondre
[...] quely [...].
[...] estat et de la bon(aur?), prevoir[...] [...] et de plusrs. de[...]
l'Agricola à envoyé à Paris [...] les dit qui le[...]
[...] de [...] [...] voir point encore à plusrs —
[...] qu'il n[...] ayt point donné.

Faites s'il vous plaist l'affo de l'[...]
M[...] de cette cour ou depuis M[...]
[...] lesquels se joindront à M[...] le presidens
de la [...] et de Mauserre et c[...] [...]. Pou

LA
LIGVRIE FRANÇOISE.
Contenant
les Éloges Armes et Blazons
Des Plus Illustres Seigneurs de
la Republique De Genes qui Ont
esté Affectionnés a la Couronne
De france
DEDIÉES
A Cette Serenissime Seigneurie
Par J. Baptiste Lhermite
De Soliers Chevalier
Gentilhomme Servant
Du Roy

PRIVILEGE DV ROY.

LOVIS PAR LA GRACE DE DIEV ROY DE

PRIVILEGE DV ROY.

Louys PAR LA GRACE DE DIEV ROY DE FRANCE ET DE NAVARRE, à nos Amez & Feaux Conseillers, les gens tenans nos Cours de Parlement, Maiſtres des Requeſtes ordinaires de noſtre Hoſtel, Baiſlifs, Seneſchaux & Preuoſts, ou leurs Lieutenans, & tous autres nos Iuſticiers & Officiers qu'il appartiendra, Salut. Noſtre cher & bien Amé IEAN BAPTISTE L'HERMITE DE SOVLIERS, Cheualier de noſtre Ordre, & l'vn de nos Gentils-hommes ſeruans. Nous à faict remonſtrer, qu'il à compoſé vn Liure intitulé, *Les Eſtrangers François, contenant les Eſloges, Armes & Blaſons, des plus Illuſtres perſonnages ſortis d'Italie, Allemagne & autres Pays : leſquels ont eſté affectionnez à cette Couronne.* Lequel il deſireroit faire Imprimer s'il auoit ſurce noſtre permiſſion, laquelle il nous a tres-humblement ſupplyé luy accorder : A CES CAVSES deſirant fauorablement traicter ledit expoſant, & eſperant que le publicq en pourra tirer quelque vtilité de ſon trauail ; LVY AVONS PERMIS & permettons par ces preſātes de faire Imprimer, vendre & debiter & diſtribuër ledit Liure , par tels Imprimeurs ou Libraires qne bon luy ſemblera , en tous Lieux, Païs, Terres & Seigneuries de noſtre obeyſſance, & en tel volume & caractere, & autens de fois qu'il aduiſera durant l'eſpace de ſept ans, à commancer du iour qu'il ſera acheué d'Imprimer la premiere fois. Faiſant tres-expreſſes inhibitions & deffances à tous Imprimeurs, Libraires & autres perſonnes de quelque qualité & condition qu'ils ſoint, de le faire Imprimer contre faire par placard ou autrement expoſer en vente, vendre ny diſtribuer, ny aucune partie d'iceluy, durant les temps en aucun lieu de noſtre obeyſſance, ſoubs pretexte d'augmantation, correction ou autre qu'il puiſſe eſtre, n'y meſme de Priuilege que nous pourrions auoir accordé cy deuant, ou qu'on pourroit cy apres obtenir par ſurpriſe, ſans le concentement dudit expoſant à peine de trois mil liures d'amende payable par chacun des contreuenans ſans deport nonobſtant oppoſitions ou appellations quelconques, pour leſquelles & ſans preiudice d'icelles ne ſera differé, applicable vn tiers à nous, vn tiers à l'Hoſtel Dieu de noſtre bonne Ville de Paris, & vn tiers audit expoſant, de confiſcation des exemplaires contre faicts & de tous deſpans dommages & interets, à la charge de mettre deux exemplaires dudit liure en noſtre Bibliothecque, & vn en

celle de noſtre Treſcher & Feal le Sieur Seiguier Chancellier dè
France, auant que de les faire expoſer en vante à peine de
nullité des preſantes ; Du contenu des quelles VOVS MANDONS
faire jouyr plenement & pailiblement ledict expoſant & ceux
qui auront droict de luy ſans ſouffrir qu'li leur ſoit donné aucun
trouble ny empeſchemãt. VOVLONS auſſi qu'en mettant au cõ-
mencement dudit liure l'Extrait des preſentes, elles ſoint tenuës
pour duëment ſigniffiées & que foy ſoit adioutée aux copies
collationées par l'vn de nos Amés & Feaux Conſeillers Secre-
taires, cõme à l'Original, MANDONS au premier noſtre Huiſſiers
ou Sergent ſur ce requis, faire pour l'execution des preſentes tous
exploicts neceſſaires de ce faire nous re donnons pouuoir, nonobſtant Clameur de Haro Chartre Normande, priſe à partie
ny autre choſe à ce contraire auſquelles nous auons derogé &
derogeons par ces preſentes. DONNE à Paris. Le huictieſme iour
de May, l'an de grace mil ſix cens cinquante ſix & de noſtre
regne le treiſieſme.

PAR LE ROY.

en ſon Conſeil.

BERAVD.

Acheué d'imprimer le 30. Iuin, 1657. aux deſpens de l'Autheur.

PREFACE.

DEPVIS que l'Empyre François à commencé d'arborer ſes Eſtandars, dans les terres les plus reculées : iamis l'honneur des Fleurs de Lys ne fut ſouteau auec plus de gloire & de bon ſuccez, que par l'aſſiſtance de ſes Aliez, les Magnifiques Seigneurs de la Sereniſſime Republique de Genes : Si fœconde en Heros, ſi riche & floriſſante par ſes conqueſtes, & touſiours ſi redoutée par la force de ſes armes, tant de fois victotieuſes ez Guerres ciuiles & eſtrangeres, qui ont deplus en plus afermy ſur ſont front glorieux, les Couronnes de Corſeigue & de Sardaigne, & la font paiſiblement regner ſur vne ſi longue eſtandüe de Mers & de Terre.

L'Empereur Charlemagne employa la valeur d'Ademar de Monteil, Conte de Genes, pour rompre les Sarazins d'Eſpagne, qui couroient les coſtes du Leuant, & nos Princes François, alant à la conqueſte de Heruſalem, furent genereuſement ſecondés par les armes de cette Seigneurie, ſi zelée pour le Chriſtianiſme, que dans le declin de nos proſperitez en la Terre Saincte, On a veu des Dames Genoiſes, ou pluſtoſt des Amazonnes, d'vn courage aſſez maſle

pour

pour s'armer à la defance des Chrestiens oppreſſez, *Æn quod expectabamus inuenimus*, dit le Pape Boniface VIII. dans la Bulle enuoyée à Porqueto Spinola, Archeuefque de Genes, l'an 1511. *vidimus mulieris ſcilicet fortes ſe per pietatis & virtutum opera exercentes, ſuorum pœnitentia ac laborum panem portantes de longe, de exilio preſentis peregrinationis ad patriam, & ſurgentes de nocte mundialium tenebrarum, vt domeſticis fidei, crucis, aduerſarios dent in predam, & quaſi non habentes hic manentem donum futuram inquirant, accinxerunt fortitudine lumbos ſuos, brachium ſuum virilibus operibus roborarunt, quarum lucerna non exſtinguentur Jn nocte, manus ſuas miſerunt ad fortia, & palmas ſuas aperierunt inopibus, impediendo ſubuentionis auxilium exulibus terra. Sancta pauperibus,* & plus bas, *accepimus namque quod predicta mulieres, & ipſarum ſocia & ſequaces decreuerunt, ſuorum largitione bonorum prafata terra ſtatui ſubuenire, ſub ductu dilectorum filiorum nobilium virorum benedicti Zacharia, Iacobi Lomelini Lanfraqua tartari, & Joannis Blauqui Ciuium Januenſium &c.* Les armes & corps de cuiraſſes de ces Heroïnes vrayment Chreſtiennes, ſont encores conſerués en l'Arcenal de Genes, ou l'on me les montra au retour du voyage que ie fis en Italie, par le commandement de leurs Majeſtés, l'an 1644. pluſieurs Seigneurs de cette Republique, ont en diuers temps eſté choiſis pour ſeruir dans les premiers employs de nos armées. Philippe Auguſte reuenant de la Terre Saincte, confia ſa perſonne & la bonne fortune de la France, à la conduite de Rufin Volta, Citoyen Genois. Et le Roy

Sainct

Sainct Louys se seruit des renommez Hugues de Ler-care , & Iacques de Vento pour commander l'ar-mée Nauale lors de son premier voyage d'outre-mer, Renier Grimaldy se signala soubs Philippe le Bel, en-qualité d'Admiral de France, Gilles Boccanegra, Per-ceual, & Benedicto d'Oria, ont rendu des dignes preu-ues de leur valeur & de leur fidelité pour cette Cou-ronne , & sans particulariser cette inclination Fran-çoise, c'est toute la Seigneurie , qui plusieur fois par vn zele commun, s'est mise au pouuoir de nos Roys. Toutesfois entre tant d'illustres Partisans de nos ad-uantages, i'en ay remarqué quelques vns, dont l'affe-ction plus forte & plus constante, les doit rendre plus considerables en ce Royaume : ce sont leurs Eloges que ie donne au Lecteur, si i'en obmets quel-ques-vns digne du mesme rang que ceux dont les maisons me sont plus connuës:i'espere de leur cour-toisie, qu'ils m'escuseront iusques à la seconde im-pression : Pour le regard des armes, ie leur donne les ornements des charges & dignités que posse-doient ces Seigneurs au temps qu'ils seruoient la France, & si ie couronne celles de quelques Gentis-hommes du cercle de Baron, cest parce qu'ils sont des vingte-huict premieres familles de la Republique, ou de maison qui luy a donné des Ducs , telle que cel-le de Chiauary si ancienne, qu'elle retient le nom de la terre, dont ses Seigneurs sont sortis : & a illustré l'Estat des deux Magnifiques, Hierosme, & Iean Luc Chiauari, qui ont porté la Couronne de la Sereni ssi-me Republique, à laquelle i'ay dedié cest ouurage.

La

La Catalougne à dans ces derniers temps admiré la
constance, & la fermeté d'vn illustre Prelat du mesme nom, qui a preferé les interests de la France, à la
conceruation de tous ses biens, qu'il a genereusement
abandonnez à l'ennemy, pour prendre le party de nos
iustes armes.

SPINOLA.

L'Exemple à tousjours porté de puissantes
armes pour assugetir la volonté : mais ce sont
les premiers que l'on seconde le plus souuent, & si
l'Illustre sang de Spinola, & doria, ne s'estoit quelque fois declaré François, nous naurions pas eu

rant de partifans de dans l'Eftat de Genes. Guido
Spinola trois foys Conful de cette republique, defpuis l'an 1102. fut le premier auec fon frere Aubert
qui au raport de l'Hiftorien Iuftinian, prit le nom &
les armes de Spinola, ils eftoient fils de Bello Vif-
côte, petits fils d'Aubert, & auoiét eu pour Bifayeul
Guido premier Vifcomte & fouuerain de la Vallée
de Poffeuera, lequel faifoit fa demeure ordinaire
à Carinandino. l'autheur fus nommé tient que le
nom de Spinola fut donné au Fondateur de cette
famille à caufe de la liberalle Hofpitalité qu'il randoit aux paffants eftrangers, l'es regalant de diuerfes fortes de vins, qu'il faifoit perfer à leur ariuée, & parce que le mot defpile figniffie en Italien
& Prouançal le foiret, ou inftrument auec lequel on
perce les Tonneaux, & que *Spinolare vnabotte* veut
dire percer vn Tonneau de vin, on à inferé de la
qu'il auoit pris le nom de Spinola, pour s'eftre ainfi
accouftumé de receuoir fes hoftes, & que c'eft le
fubject qu'il luy fift charger &, furmonter la face
échittée de fes armes, de c'eft inftrument à percer les
Tonneaux appellé efpile ou efpine, quoy que quelques vns tienét que ce foit vne brifure qu'vne brâche
de cette famille à prife pour la differantier de l'autre.
Il eft conftant que la maifon de Spinola à efté de
temps immemorial côneüe entre les plus puiffantes,
en biens en alliances, & grands Cappitaines, non
feulement de la Ligurie, mais de toute l'Italie
entiere. Girardo Spinola achepta foyante mille
florins d'Or la ville de luques, des Allemens qui s'en

estoient saisis apres la mort de Castrucio. il feust
Chef de l'Armée des Gibelins, & si puissant en richesses, & grandeur de courage, qu'il entreprit à ses fraix
la Guerre contre les Florentins, cette faction des
Gibelins ne sestant randuë redoutable en Ittalie, que
parce que les Spinola s'en declarerent Chefs en
fauorisant les Vsurpareurs du Royaume de Secille
contre nos Princes d'Anjou. ce quy donna lieu au
Pape *Boniface* de mettre leurs terres en interdit, &
de getter des cendres aux yeus de porqueto Spinola
Archeuesque de Genes, au lieu de luy mettre sur le
front, luy disant ses paroles le premier iour de Care-
me, *memento homo quia Gibelinus es & cum Gibelinis
morieris*, toutefois ce prelat, homme desprit, & de
bon conseil, remit despuis sa famille en grace prés
le sainct Siege par la paix, quy fut conclue l'an 1305
entre Charles d'Anjou *Roy* de Sicile, & cette Republique, auquel temps le Duc de Calabre fils de ce
Monarque allant deffendre à Genes prit son loge-
ment en la maison d'Opisino Spinola, qui auoit
l'honneur destre beau pere de Theodore Paleolo-
que fils d'Andronique Empereur de Constantinople. Toute sa famille à despuis touiours conserué
vne estroitte inclination pour nos Prince de France.
sans parler du nombre des Consuls, des generaux
d'Armées & des cellebres Embassadeurs de ce
nom, dont les actios sont décrites par tant d'Illustres plumes, ie passeray à ces marques d'affection
donr quelques particuliers Seigneurs de Spinola
nous ont donné de sensibles preuues. Elion & Fráçois

Spinola durant les Guerres du Roy René de Secille, rendirent a ce Prince de puiſſans ſecours de Mer,
& de terre, Elion & Benedicto d'Oria, lors du ſiege
de Naples, commanderent vne flotte qui ſe fiſt paſſage à rrauers les vaiſſeaux ennemis, & porta ſecours
dans la ville, tandis que François Spinola armoit
huict cens arbaleſtriers, dont il fortiffia noſtre garniſon, & par de frequantes ſorties ruïna le Camp
des ennemis ; ou Dom pedro frere d'Alphonce
d'Aragon fuſt tué. Le meſme fit ſi bien pour la
conſeruation de Gayette, que les Embaſadeurs de
cette Ville envoyes à Genes le nommerent dans
leur harangue *lume eſplendore de la nation genoeſe.*
Luca Spinola l'vn des Embaſſadeurs mandes de la
Republique au Roy Charles huictiéme à Florence,
fut ſi agreable à ſa Majeſté, quelle l'honora du collier
de ſon Ordre, & Louis XII. venant à la Couronne,
le Senat ne creut pas choiſir des Embaſſadeurs plus
agreables à la France, que Charles Spinola, &
Franchiſco Iuſtinianj, qui ſuiuirent la Cour iuſques
en Bretagne. Les Nobles l'ors des Emotions de
Genes, getterent encore les yeux ſur le Seigneur
Antoine Spinola, pour eſtre leur Embaſſadeur vers
le meſme Roy, & luy faire cognoiſtre la Iuſtice
& le ſubjet de leur ſoubz-leuement: Enfin c'eſt
en diuerſes occaſions que cette maiſon c'eſt decla-
rée pour la france, & dans ce dernier ciecle, l'Illuſ-
triſſime Seigneur Luca Spinola, fuſt complimanter
le feu Duc de Brezé noſtre Admiral, de la part de
la Sereniſſime Republique. Côme fiſt Iean Filippes
du

du mesme nom, que le Senat nomma pour aller saluer les Mareschaux de France de la Mail-
leray, & du Plessis, & ce Royaume tient à bonheur que le Tronc glorieux de Spinola ayt formé
vne Branche en France comme ie diray si apres.

Le Pape Clemens Septiesme venant à Marseille
acompagnié de sa Niepce Catherine de Medecis,
passa par la Mer de Genes, dont la Republique luy
deputta le Seigneur Antoine Maria Spinola, des
Seigneurs de Cassan, qui suiuy de plusieurs
Gentils-hommes fust faire la reuerance à sa Saincteté,
& à la Prinsesse, à laquelle il parut de si grand esprit
& de merite, que son Altesse luy fit prometre de
la venir saluer en France ; apres qu'il auroit randu
compte de sa depputation à la Republique, & mis
ordre aux affaires de sa maison. mais l'amour de
la Patrie, & celle qu'il eust pour Thomasina de la
Torré, issuë de l'Illustre famille des Turrianai de
Milan, luy fist oublier ce premier engagement,
pour l'arreter dans les liens du Mariage. despuis la
Republique parcialisée pour l'Espagnol, arma vne
escadre contre la France, commendée par le mesme
Antoine Marie, qui ne pouuant aller contre la tem-
peste, fust constraint de relacher aux costes de
Prouence, auec trois de ses Vaisseaux, ou il fust pris
par les Galleres de France, & conduict à Marseille,
ou la princesse Catherine à l'ors Reyne de France
s'estoit randuë, pour apaiser quelques emotions
formées entre les Gentilshommes de la Prouince,
soubz les noms de Carcellistes & Razates. sa Majes-

ré voulent voir les prisonies, & reconnoissant le
Seigneur Spinola, luy donna incontinent la liberté,
& à tous les autres de la suitte, auec pouuoir de
retourner quand il voudroient à Genes. mais ce
parfaict & reconnoissant Seigneur, paya cette
faueur Royalle, par le mesme Tresor qu'il ve-
noit de recouurer, voüant tous les seruices de
sa vie à cette grande Reyne, qui desiors l'honnora
de la charge de Gentil-homme de sa Chambre, auec
vne pension digne de sa qualité. despuis sa Majesté
le fist Chef du Conseilier du Prince grand Prieur,
gouuerneur de Prouence. Il fust President & Tresorier General de France. Son credit fit nommet
Siluio de Saincte Croix, à l'Archeuesché d'Arles, &
le Padre Ponpeo à L'euesché d'Apt, tous deux par
luy choisis à diuer temps, pour estre Confesseurs
du susdict Prince, frere naturel du Roy, qui l'aimoit
tandrement, & qui composa son epitaphe lors de
sa mort ariuée à Salon le 15 Octobre 1582. ou il est inhumé en l'Eglise des Cordeliers. Cezar Spinola, fils
de son frere Ianetto, fut son heritier, auec sa fille vnique, Magdelene femme de Boniface de Fortis, sieur
de Claps, Gentil-hóme de la Ville d'Aix. Cezar Spinola espousa Damoiselle Françoise de Galice fille du
sieur de Gallice, Conseillier du Roy à la Cour des
Comtes de Prouence, du quel Mariage est sorti Messire Claude Spinola, qui assemble en sa personne
les excelentes qualités qui ont illustré sa famille; laquelle est entrée dans l'aliáce de plusieurs souuerains,
& à remply le sacré College de grand nombre de

Cardinaux, & les Armées de beaucoup d'Ambroi-
ſes, Thomas, & Nicolas Spinola, redoutés entre
les premiers Capitaines, de Mer & de Terre.
Les armes de Spinola ſont d'Or, à la face echiquetée
d'argent & de geules de trois traicts, ſurmontée d'vne
Eſpine ou eſpil de la couleur, peric en pal, Cimier
vn Aigle eſployé de ſable, ſuports deux Aigles de
meſme. Les preſentes Armes ſont trauerſées de deux
Arbaleſtes en ſautoir, acauſe de la Charge de General des Arbaleſtries, dont fit fonctiõ dans noſtre
Armée de Naples le Seigneur Franceſco Spinola.

D'ORIA.

LA France reconnuë la plus belliqueuſe entre les nations de l'Europe ; reçoit encore beaucoup de gloire d'auoir donné commancement à la famille de d'Oria, & deſtre aduoüée la ſibelle de ces neptunes, leſfroy des Mers, les dompteurs de peuples ;

& qui par des victoires inoüies ont mis leurs ennemis aux fers , & randu la liberté à leur patrie.

Iustinian dans son histoire de Genes, rapporte l'origine de ceste maison à vn puisné des Comtes de
Narbonne, qu'il nomme hardoüin ; & que dautres
appellent Ansaldo arborea, il dict que ce Prince voulant faire voyage en Hierusalem, passa à Genes, ou il
tomba malade en la maison d'vne noble veue de la
famille des Castanei, qui luy partagea ses soins &
assistences auec ses deux filles, l'vne desquelles appellée Oristia , ou Aurea le randit aussitost amou-
reux que reconnoissant : de sorte qu'au retour
de son pelerinage , il vint luy faire hommage
de sa liberté , & s'arrestant dans cette alliance, choisit aussi sa demeure en la mesme ville de Gennes,
auquartier encore appellé la porte d'Oria. cét Hardoüin eut quatre fils de son mariage, l'vn desquels
appellé Ansaldo, fut Consul & Gouuerneur de l'Estat
de Gens l'an 1134; & commança de porter & illustrer
lenom de d'Oria, qu'il rendit si fameux, qu'André
du mesme nom, ce Couronna du *Royaume* de Sardaigne 32 ans aprés, espousant la fille de Barrisson,
que l'on appelloit Roy, & Iuge d'Arborée : quoy que
le mesme Iustinian asseure que ce fut *Brança* d'Oria,
qui par ses richesses immanses, se randit Seigneur
& Prince de cette Isle l'an 1334.

Ie ne parle point des autres aduantages que cette
maison à receüs par les alliances, Hylaire d'Oria,
espousa vne fille d'Emanuël , Empereur de Grece,
l'an 1397. Vallantine du mesme nom, femme d'Estien-

ne Viſcomte, Prince de Milan ; & mere de Galeas
qui en fut Duc, à veu monter ſes enfans ſur le Trofne des Empereurs , des Roys, Electeurs , & autres
Princes dela Chreſtienté. Ie ne ſçaurois non plus r'ap-
porter les eſclatantes actions de cés Heros, qui me
parroiſſent en foule ; & qu'apeine pourrois-je nom-
brer : ce ſont des prodiges de valeur qui ſurpaſſent
le vray ſemblable ; & ſi je n'auois l'authorité du Celebre Iuſtiniã, ie n'oſerois aduancer que pour des Ro-
mans, ce que j'ay remarqué dans ſon Hiſtoire. il dit
que l'an 1284 les Piſans eſtant en guerre auec la Republique de Genes ; cette Seigneurie fit vn armement
Naual , dont elle donna la Generalité à Oberto d'O-
ria, qui ſe mit en Mer auec ſes enfans ; & preſque
tous ceux de ſa race, voulant partager auec eux les
fruits, & les trauaux de cette campagne. la fleur de la
Nobleſſe de Piſe eſtoit auſſi ſoubs les armes, auec ſon
chef Alberto Morezino, le Comte Anſelme, & pluſieurs autres alliés de cét eſtat, qui ne reſpiroient que
la victoire ; mais c'eſt chés l'ennemy qu'il faut l'aller
chercher : les Genois les furent attaquer entre les bras
de leurs Dieux domeſtiques: à trois mille du Port de
Pize, aulieu nommé la Veronique. Le Combat fut ſi
ſanglant ; & l'on l'ança du'vne part & d'autre tant de
traits ; que *laria pareua offuſcato , & onubilato* dit Iu-
ſtinian *non oſtente che il Cielo fuſſi quel giorno chiaro , &
ſereno.* enfin aprés vne opiniatre reſiſtance ; & que la
Mer eut lontemps rougi du malheur & de le temerité
des Piſans, la victoire paſſa du coſté des Genois ; mais
auſſi belle, & auſſi ponpeuſe qu'elle ſe ſoit jamais

monstrée au premiers Cesars : cinq mille des ennemis furent tués en cette action ; on coula sept Galleres à fonds, 28 autres seruirent au triomphe de d'Oria, auec 9272 prisonniers : y compris le Podesta, & toute la Noblesse de Pize : de sorte qu'en ce temps les Florantins disoient par raillerie que qui vouloit voir Pize s'en allast à Genes.

Lanba d'Oria, accompagna ceste action d'vne autre aussi memorable ; le 26. Octobre de l'an 1298 estant admiral de la mesme republique, il porta la guerre aux venitiens : entra dans le golfe pres la terre de Scrusola, & combatit l'Armée ennemie, composée de nonante sept galeres, desquelles il ne sauua que 12 : il en fist brusler 67. & mena les autres à Genes auec 7400 prisonniers.

Pagano du mesme nom, les d'effit estants vnis auec les grecs, & Cathalans 1352 : & deux ans apres prist dans vne autre bataille, l'admiral Nicoleto Pisano, le grand estandart de Venise, & 5400. prisonniers : c'est ce grand homme qui mesprisa si fort les aduantages, & les biens de la fortune, que le iour de sa mort, il ne se trouua pas dequoy payer les fraits de sa sepulture.

Pierre d'Oria randoit les mesmes Venitiens tributaires de la Ligurie, s'il eust vsé plus moderement des aduantages que donne le sort des armes : il prist la ville & port de chiosa 1379. & la mort de 6000 hommes, & de 980. prisonniers à la deffence de ceste place, porta tant deffroy dans la ville de Venise ; que ses ambassadeurs luy venant demender la Paix, luy
pre-

presenterent la carte blanche dit Iustinian , estans
prests à telle compositió qu'il eust pleu au vainqueur;
si elle eust este moins rigoureuse que de demender
la ville à discretion comme il fist. Mais n'atendons
pas que les lauriers se flestrissent dans les mains de ce
victorieux; courons à ceux de sa famille qui versent
le sang de nos ennemis de France, c'est Aython d'Oria
chef des Archers de Genes , que Philippe de Valois
appelle dans son armée contre les forces d'Angleterre, à la journée de Crecy. c'est encore le mesme que
ce Monarque faict Admiral de France l'an 1339; &
qu'il partagea, comme l'Ange de l'apocalipse qui
portoit vn pied sur les aux, & l'autre sur la terre. Perceual d'Oria na pas moins acquis de reputation dans
nos armées de Naples, soubs le Roy Charles Frere
de S. Louys. Benedicto d'Oria secourut les Napolitains assiegés par Alphonce de Castille; & la paix
des Guelfes & Gibelins estant concluë l'an 1331 , entre
le Roy Robert, & la Republique de Genes , ce Monarque ne choisit qu'vn de leurs Ambassadeurs pour
l'honorer de la Cheuallerie de Lesperon d'Or, qui
fut Casano d'Oria. Le Roy René de Sicile passant à
Genes pour aller en son Royaume; fut coucher en la
maison de Lamba d'Oria. toutesfois la couronne de
France n'a jamais receu de si puissants seruices de cette
maison, comme elle à faict du fameux Prince de
Melfe André d'Oria : le Roy François premier char-
mé de sa renommée l'appella à son seruice , l'honno-
rant du colier de son ordre , & de l'Admirauté des
Mers du leuant; & d'Oria passionné pour les aduan-

tages de la France, soubsmit son propre païs à la
domination du Roy: il desarma les foudres d'Espagne,
& rendit prisonniers ceux qui menassoient nostre
liberté; Philibert prince d'Orange, alfonce Dauo-
los, & camille colonne; ces redouttes entre tous nos
ennemis, deuinrent les esclaues de son courage:
Hugues de Moncade fut la victime de son Lieutenant Ianetin d'Oria; & les ordres de ce grand Capitaine le faisoint triomphér en son absence: il randit
nos armes victorieuses dans la sardaigne, & toute la
sicile auroit encore arboré nos fleurs de Lis; si les
chefs François eussent esté d'acord auec ce conquè-
rant. enfin son iuste despit nous ferma les portes
de naples, qu'il auoit mis aux abois; & termina
toutes nos conquèstes d'Italie. L'amour qu'il eust
pour sa patrie luy fist rendre son ancienne liberté;
mais son exemple n'alantit point la passion que ses
autres parens auoient pour la France; & dans ce mesme temps l'Histoire de Marseille remarque qu'André
d'Oria s'estant declaré pour l'Empereur, enuoya
Philippin son nepueu en Espagne, lequel passant par
nos mers auec 17 galeres, donna fonde à l'ambou-
cheure de la petite riuiere du Rosne, pour y faire
ayguade, ou il prist quelques barques de Marseille,
qui venoient d'Arles, & du l'Anguedoc: sur laduis
que lon eust qu'il auoit faict mettre à la chaine les
Marseillois, Blaise d'Oria luy fut incontinent repré-
senter auec les interets de la ville, les particuliers
qu'il auoit à la conseruation de tous les François,
aussi bien que ses peres, Louis, & Obert d'Oria, le

dernier des quels fut grand chambellan du Duc de
Calabre: Aussi estoit il d'vne fidelité si esprouuée ,
qu'il fut par trois fois choisi premier Consul & Gouuerneur de la mesme ville de Marseille ; dignité qu'-
aucun autre que les dessendants n'a encore jamais
remplie jusques à ce nombre. il prit alliance dans
vne famille de s'emblable inclination , espousant
Marguerite de Forbin , niepce de Palamedes surnommé legrand ; autant pour son zelle & deuotion
pour cette Couronne, que pour la grandeur de son
courage , puis que par luy la Comté de Prouence
fut reünie au Dommaine du Roy ; qui le fit Gouuerneur,ou plustoft comme il dit luy mesme, son souuerain Lieutenant dans l'Eftat de Prouence *Regem ego
comitem, me comes Regem.* le mariage de Blaise d'Oria
fut aussi fecond que glorieux, il eut 4 fils, & 5 filles,
Lazarin qui à continué la branche dont sera parle cy
apres, Gaspard suiuit les armes, Iean fut plusieurs
fois Assesseur de la ville, pour laqu'elle il s'expofa,
& mourut au temps de la pefte l'an 1580 & Louys
Cheualier de Malthe. Catherine l'aifnée des filles
espousa Vincent de Forbin, Seigneur de la Farre,
Bifayeul de Monfieur le Marquis d'Opede aujour-
d'huy Premier Prefident au Parlement de Prouence,
Magdelaine fut femme d'Artus d'Efcale Baron de
Bras ; & mere du Premier Prefident du mefme nom;
duquel eft iffu Monfieur le Baron de Bras, & d'An-
foüis, aprefent Prefident au mefme Parlement &
alié dans la tres Illuftre maifon de Caderouffe. Ianne
d'Oria la troifiefme filles efpoufa Antoine de Glan-

deues , Seigneur de Cuge , Françoise sa sœur femme de Pierre de Baissan Seigneur de S. Sauornin , & Anne d'Oria espousa Reignaud de Tressemanes , Seigneur de Chastuel , dont sont issus les seigneurs commendeurs de Chastuel.

Lazarin d'Oria, laisné de ce mariage, fut Cappitaine en chef d'vne galere du Roy , & rendit d'importans seruices à l'Estat , particulierement l'ors de la reductiõ de la ville de Marseille en l'obeyssance du Roy : il fut comme son pere premier Consul & Gouuerneur de marseille 1559 & merita les Eloges du celebre Monsieur du Vair Garde des Sçeaux de France qui fist son Oraison Funebre, Imprimée dans les traittés Oratoires de ce grand homme. il espousa Marguerite de Bus Damoiselle d'Auignon 1560. de laqu'elle il eut Blaise d'Oria deuxfiesme du nom , qui fut premier Consul & Gouuerneur de Marseille és années 1603. 1604. & 1605. apres auoir esté depuré à la Cour par le Duc de Guise l'an 1597. cõme le r'apporte Nostradamus en son Histoire de Prouence. il espousa Marguerite fille & hertiere d'Antoine de Rissé ; Seigneur de Satournon, Viguier de Marseille, de laqu'elle il eut 4. fils, & 2. filles, Marguerite femme de Monsieur de Pierre Feu , Conseiller à la Cour des Comptes d'Aix, & Marquise qui espousa le Sieur d'Ardene, de Tolon, dela maison de Thomas, dont il y à plusieurs Cheualiers, commandeurs de Malthe. Lazarin d'Oria deuxfiesme du nom l'aisné des fils de Blaise, fut Seigneur de Satournon Cõseiller du Roy, & commissaire general des guerres en Prouence, l'vn

des

des braues & vaillans de son temps, espousa lan 1625
dame Blanche de Felix de maison tres Illustre originaire de Piemôt, dont les enfans viuent aujour-d'huy,
laisné desquels Lazarin 3. du nom, apres auoir accompagné le sieur de Felix son oncle en son ambassade à Genes, pour la ville de Marseille; & auoir
esté aduoüé, & reconnu de la mesme famille de d'O-
ria, suiuant lacte & la procedure faicte le 10. May
1656. par Iean gregoire Ferrand Notaire & chancellier de la maison d'Oria, il est passé dans lisle de Malthe.

Il c'est encore formé vn rameau de ce grand arbre
dans la ville de Carpentras, qni continue à present
en celle de Tarascon, en la personne d'vn autre Andre d'Oria, qui reconnoist Sixte d'Oria pour celuy
qui transplanta ce rameau en France: il eust pour sils
François, & Iean, le premier fut pere de Pierre d'Oria,
qui s'approcha de la Cour, & comme ses predesseurs
fut grand homme de Mer, & commanda long-temps
la galerre de la Reyne: il neust qu'vne fille mariée en la
maison de Brissure. Fraçois qui à continué la race, à
esté pere de Ioachin, & de Pierre d'Oria, aduoüés
aussi par la serenissime republique de Genes, ouce per-
perpetue ce glorieux sang, princepalement es personnes des Princes, Ducs du Turcis, & Marquis de
dessirié, qui portent pour armes.

Coupé d'Or, & d'Argent, à laigle de sable Couronné membré & becqué de Geules, qui fut conce-
dée à ceste famille l'an 1311 par l'Empereur Héry 6; les
Seigneurs de ce nom portants auparauant les vns vn

Lyon, dautres vne tour, & parce que quelques particuliers de la mesme familles portoint le blanc dans leurs estādars, ils les couperent pour les vnir à la couleur imperiale; & tesmoigner leur parfaicte intelligence comme le raporte Iustinian. Cimier vne teste d'Aigle de Sable, supports deux Aigles de mesme.

GRIMALDI.

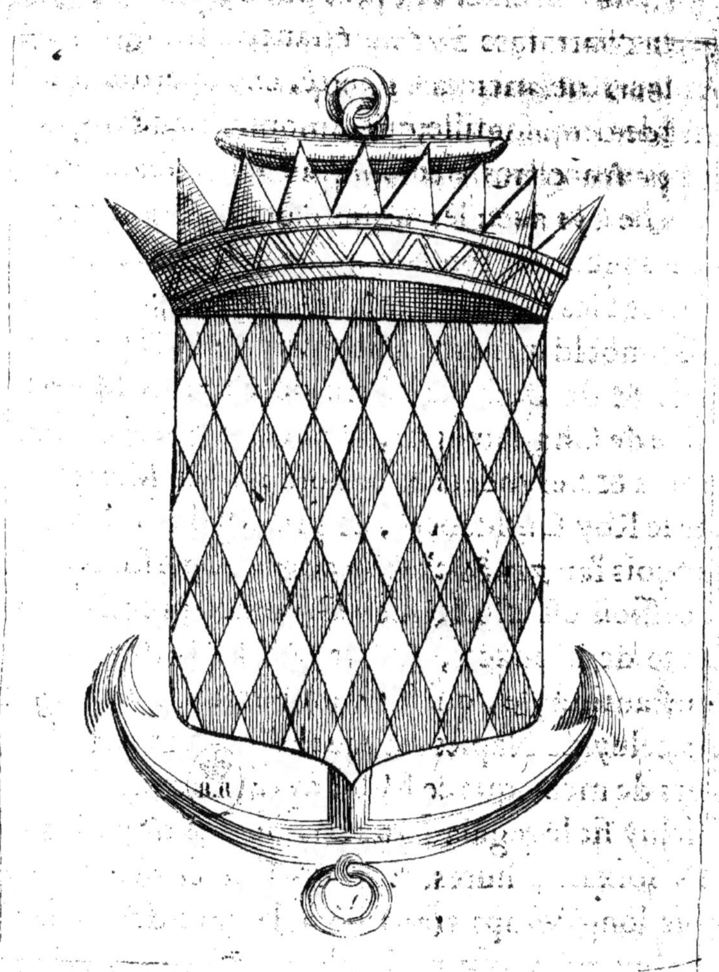

L ES ruisseaux qui partent d'vne source esleuée ne peuuent descendre si bas selon la disposition des lieux qui seruent de conduits à leur course, qu'ils ne gardent encore assez de force pour remonter au lieu de leurs origines : ainsi la maison de Grimaldi tousiours eschauffée du sang auguste de nos Roys, dont elle tient

son

son commancement, apres auoir gemi quelque temps
sous la contrainte d'vne puissance estrangere, a n'ague-
res repris son ancienne liberté, en la personne du Prince
Chef de cette famille, qui remontant au rang de ses premieres Ancestres tient aujourd'huy seance dessus les
fleurs de Lys auec les autres Pairs de France ; de mesme
que les premiers fondateurs de son nom, les Maires du
Palais, & les Directeurs de la Couronne.

Grimoald surnommé le Iuste fils de Pepin Duc d'Au-
strasie & de Brebant, frere de Charles Martel qui fut
Oncle de Charlemagne, a donné origine à la famille des
Princes & Seigneurs de ce nom : il fut Maire du Palais
sous le Roy Childebert, & principal Ministre de l'Estat
François l'an 713, & c'est de ce grand personnage que par
succession est issu Renier Grimaldi premier du nom,
Prince de Monaco, & grand Maistre de l'Empire de
Constantinople, qui fut enuoyé par le Roy de France
vers celuy de Naples, auquel il rendit vn si puissant secours de mer, que ce Monarque entre plusieurs presens
qu'il luy fit le regala d'vne chaine d'or du poids de deux
cens soixante liures. Son fils Renier deuxiesme apres
auoir long-temps trauaillé à la paix des Guelphes &
Gibelins fut receu en la charge d'Admiral de France,
qu'il remplit si dignement, & auec tant de zele, qu'ayant
équippé vne puissante flotte à ses frais, il fut donner bataille au Comte Gay de Namur, qui assiegeoit la Ville
de Xyticxe ; & apres vn sanglant combat de trois iours
desfit l'armée ennemie, dont il tua dix mille hommes :
coula à fonds six gros vaisseaux, & augmenta encore
son triomphe par la prise du General, & de ses principaux

paux Officiers qu'il mena prifonniers au Roy. Cette
action memorable arriua le iour S. Laurens l'an mille
trois cens quatre; mais la valeur ne fommeille point
dans la maifon de Grimaldi, cette action fut fuiuie de
plufieurs autres. Renier troifiefme grand Chambellan
de France eftant fecondé du Marefchal Boucicaut, fit
paroiftre fon courage & fa fidelité au recouurement de
l'Eftat de Genes : apres luy le Prince Lambert Grimaldi
renouuella alliance auec Louys onziéme qui le fit Vice-
Roy de la cofte de Genes. Iean deuxiefme du nom, Chef
du Confeil des Roys Charles huit & Louys douze, ne
témoigna pas moins d'ardeur pour l'accroiffement de
nos conqueftes de Naples, de Genes, & du Milanois;
auffi ne doit-on rien moins attendre du Sang de Charlemagne, c'eft vne affection hereditaire dans cette maifon qui continuë encore aujourd'huy auec toute fa cha-
leur en la perfonne de Sereniffime Prince Honorat deuxiefme du nom Souuerain de Monaco, lequel par vne
action auffi memorable que hardie a couronné par vne
belle nuit toutes les memorables iournées de fes Ance-
ftres, en chaffant l'Efpagnol de la place & principauté de
Monaco pour y replanter les fleurs de Lys, & faire reui-
ure le nom François dans toutes les terres de fon obeyffance. Ce magnifique perfonnage en qui les vertus de
fes Ayeuls fe rencontrent fi belles & fi pures, apres que
par cette action toute genereufe arriuée l'an 1641. il euft
rendu la feureté & le repos à fes Eftats. Le Roy Louys le
Iufte de glorieufe memoire receut fon Alteffe au camp
deuant Perpignan, où il l'honnora du collier de fes Ordres, & luy fit don des terres du Valentinois, que fa Majefté

jesté erigea en sa faueur en Duché & Pairie de France, auec le Marquisat des Baux. Ce Prince a eu de son mariage auec Hipolite Triuulce plusieurs enfans, entre lesquels Hercules Marquis de Champagne & des Baux, Commandeur de l'Ordre d'Alcantara, & nommé à celuy du S. Esprit; mais sa mort precipitée par vn accident tout sinistre, fit perdre à la France & à son Estat les fruits que ce noble rameau promettoit dans sa recolte : il a laissé pour la consolation d'vne si grande perte vn fils vnique de la Princesse Aurelie Luce Spinola sa femme, lequel a eu pour Parrin & Marraine, le Roy aujourd'huy regnant, & la Reyne sa Mere. Les Marquis de Crespin du Bec, & les Comtes de Sancerre sont issus de cette mesme tige ; de mesme que le renommé Marquis de Courbon, dont les Ancestres estoient Seigneurs d'Antibe, & qui commmande aujourd'huy la garnison Françoise à Monaco. L'Eminentissime Cardinal Hierosme Grimaldi Archeuesque d'Aïx est issu de la seconde branche de cette glorieuse souche, vulgairement appellée Caualerones.

La Maison souueraine de Grimaldi Monaco porte pour Armes fuselé d'argent & de gueules ; cimier vne double fleur de Lys posée entre vne palme & vn rameau d'oliue ; supports deux Moynes vestus de sable tenans chacun vne espée nuë & esleuée ; deuise ces deux paroles Latines, *Deo iuuante*, qui sont placées au dessous de la couronne.

FIESQVE.

ENTRE les maisons Patriciennes de la Republique de Genes, il n'y en a point qui ait tesmoigné
plus d'affection à la couronne de France que celle de
Fiesque, qui tire son origine des anciens Comtes de
Lauanie, dont Robealdus est nommé le premier. Quel-
ques-vns tiennent ces Seigneurs sortis des plus anciens
Ducs

Ducs de Bourgogne, ou selon d'autres d'vn Duc de Bauiere qui s'appelloit Fisco, à cause du retour du Fisq Imperial. Quoy que ces opinions soient douteuses, c'est sans contredit que la maison de Fiesque est tres-ancienne en Italie, & qu'il en est sorti de grands personnages & bons François. L'Eglise reuere deux Papes de ce sang, Innocent quatriesme, & Adrian cinquiesme, dont le frere interuint à la paix des Gibelins l'an 1276. & fut enuoyé Ambassadeur au Royaume de Naples pour les interests de cette Couronne. Boniface, neueu du Pape Innocent, de l'Ordre des Prescheurs, homme de sainte vie & d'inclination toute Françoise fut nommé Archeuesque de Rauenne par Gregoire dixiesme, qui sçachant le credit que ce Prelat auoit dans la Cour de nos Roys l'enuoya Legat en France pour y traitter de la paix auec le Roy d'Arragon. Iaques de Fiesque fut à la Croisade auec nostre Roy S. Louys, qui le fit Cheualier des Esperons d'or, & luy donna la charge de Mareschal en son Armée. Vn autre Iaques de Fiesque fut apres Aaron Cibo Vice-Roy de Naples pour le Roy René, & dans nos derniers siecles Iean Louys de Fiesque employa toute la force de ses armes & de son authorité pour rendre nos Monarques non seulement souuerains de la Republique, mais encore de toute l'Italie. Enfin cet Illustre malheureux s'estant perdu dans la hauteur de son ambition, vne partie de sa famille exilée se retira en France, où malgré ses disgraces elle fit paroistre tant de vertu en la personne de Scipion de Fiesque, que le Roy le iugea digne non seulement de sa protection, mais encore de ses bienfaits. Sa Majesté luy donna la Comté de Bressuire en Poitou,

&

& l'honnora du Collier de ſes Ordres. Au premier Chapitre qui fut tenu aux Auguſtins à Paris l'an 1578.ce meſme Seigneur fut ſi conſideré de la Reyne Catherine de Medicis,qu'elle luy dōna la charge de Cheualier d'honneur de ſa Majeſté, & luy procura en mariage ſa parente Alphonſine Stroſſi , qui fut mere d'vn fils auſſi pieux que vaillant, tué d'vne mouſquetade au ſeruice du Roy deuant Montauban l'an 1621. Il ne reſte plus qu'vn fils des enfans qu'il a eu d'vne autre Heroïne ſa femme de la maiſon de Tilliers le Veneur : l'aiſné eſt le ſeul de cette famille appellé le Comte de Fiefque , lequel a des enfans de ſa femme de la maiſon de Beuuron ; la Republique de Genes conſerue encores des branches de cet Illuſtre ſang, ez perſonnes d'Hector, Philippe, Ambroiſe de Fiefque & autres employez dans l'eſtat de cette Seigneurie.

La maiſon de Fiefque porte pour armes bande d'argent & d'azur ; pour ſupports vn chat & vn Dragon, ſignifiant par ces deux animaux le party des Guelphes, que ceux de cette maiſon auoient touſiours ſouſtenu. Le chat pour la maiſon de la Bauiere qui fut le Chef de la faction des Guelphes , & le Dragon que le Pape prit à la difference de l'Aigle Imperialle ; pour deuiſe ces deux paroles, *Sedens Ago*, Simbole de la ſageſſe qui opere auec l'entendement.

VENTO.

IL y à des yeux qui trouuent des taches dans le
Soleil; mais les yeux mesme de l'enuie nen decou-
urent point en cette famille , fœconde en grands
Capitaines & grands politiques tout ensemble: aussi
sages que vaillants; & qui ont toujours glorieuse-

ment executé ce qu'ils ont prudemment entrepris.
Les Historiens Charmés de leurs actions heroïques,
se sont eforcés de leur donner vne origine celeste, &
les faire sortir despremiers demidieux de l'Italie:
aucuns leurs donnent pour Fondateurs les anciens
Viscomtes, & Princes de milan, campano & gan-
dutio tiennent que les vento ont pris leur commencement en la ville de Beneuent au Royaume de
Naples; & les Archiues Domistiques asseurent que
le senateur perpenna Vento a geté les racines de ce
grand arbre. Mais sans authoriser ces oppinions
quoy qu'apuiées de l'histoire, & de la vray semblãce,
ie puis dire auec Iustinian que si le premier de ce
nom n'est pas né sur le Trofne; ses dessendants on
eu asses de merite pour deuenir souuerains, & s'a-
querir les augustes titres de Clements, iustes, & de
premiers de la terre qu'ils ont habitée.

Simon Vento, qui despuis plus de 500 ans se con-
cerue encore si glorieux dans les momoires de l'His-
torien Pascha, ne parut pas en son temps auec des
ornements vulgaires: cet autheur le despeint auec vn
caducée, & le qualifie Ambassadeur de la republique
vers nostre *Roy Philippe* premier, qui luy accorda
diuers priuileges en faueur de l'Estat de Genes, dans
lequel cette famille à touiours paru auec esclat entre
les plus qualifiés de la republique. Iean Recco au
traicté qu'il à faict des 28. familles nobles de Genes,
& le Foglieto dans ses Anales abregées, escriuét que
l'an 1144. Guillaume Vento esleu Consul de la republique arma vne de ses galeres auec laquelle il com-

batir, de fit & tua mefguel, frere du Comte de Bar-
celonne, qui couroit les coftes de Ligurie. Mais on
ne peut affes remarquer ce que dit Iuftinian d'Ogerio
Vento, autre Conful & magiftrat fouuerain de la
republique, le quel il n'affeure pas feulement auoir
efté recommendable pour fes hautes vertus de Iufti-
ce & de clemence, qu'il pratiqua dans les fonctions
de fa charge; mais encore pour auoir faict chois de
Guillaume Vento, Anfaldo d'Oria, & Guillaume
Sicule (qu'il qualifié expreffement *Primi de la Ferra*)
pour eftre enuoies Ambaffadeurs au Roy Guillaume
de Naples, pres du quel ils pratiquerent vne conuen-
tion tres vtile à la republique. defpuis, ces deux
Heros deuindres les poles fur qui rouloient toutes
les afaires de la Ligurie : Guillaume fut Conful l'an
1165. il purgea la ville & l'eftat, des voleurs qui trou-
bloient le repos & commerce public; & l'an fuiuant
commanda deux galeres contre les pizans. Ogerio
Vento deuenu Conful fix ans apres, commenda vne
efcadre de fix galeres contre les mefmes ennemis;
rendat ainfi tout à la fois des oracles & des batailles:
tous deux iudicieux à la conduicte, & vigoureux à
l'exccution; enfin ce fœu du Ciel qui faict les grands
hommes; cet efprit vniuerfel les rendit capables de
toutes fortes de fonctions; & jamais vne belle vie
ne fut plus glorieufement exercée. ce fut encore par
leurs foings que la republique fit paix auec le Roy
de Maiorque, & que les pizans terminerent par vn
accord general, tout les diferents qu'ils auoint auec
les genois. apres tant d'actions politiques la valeur

nous apelle dahs les armées , pour y voir Couronner
les braues de Vento : ce fut au recouurement de la
terre saincte que la republique arma auec les Roys
Philippe Augufte, & Richard d'Angleterre; & quelle mit en Mer quatre-vingt vaifeaux dit Iuftinian ,
mais qu'elle ne choifit que deux generaux pour
commender cette grande flotte, ce fut Simon Vento
& Marino de Rodoano, qui furent mefler leurs premier lauriers aux palmes de la paleftine.
Au retour de ce fameux voyage, Simon trouua la
fouueraine puiffance de la republique entre lesmains
d'Ogerio Vento; & n'eut que le temps d'embraffer fa
famille, pour porter de nouueaux commendements
en la Sardaigne ; y r'eftablir les Loys , & donner les
ordres neceffaires au repos de cette Ifle. l'an d'aprés il
fucceda a fon parent, & r'emplit comme luy cette
fupreme Magiftrature de Conful; quil ne quitta que
pour y placer Thomas Vento : de forte qu'en ces temps
le Confulat, les Ambaffades & les generalités d'Armées ne fortoient point de cette maifon , fertille en
Heros, propres à commender & acombatre , heureux à vaincre; & fi accoutumes dauancer les fron-
tieres de la Ligurie ; que deux ans apres, vn autre
pierre vento fut enuoyé general d'Armée contre les
pizans de Arrogia ; puis au fecours de la ville d'Aft ;
& la paix toute oifiue quelle eft luy donna encore
matiere à de grandes actions. Il fut fouuerain podef-
tat de milan, comme de Caprata, s'aquitta d'vn Am-
baffade tres celebre vers le Pape Gregoire neuf, pour
laccord de la Republique auec les venitiens , &
rendit

rendit la Paix à la ville de Luques. Paradin en ses
annales de sauoye, Iustinian & foglietta en celles de
Genes & Bernardin Corio dans son Histoire de milan, decriuent hautement le merite de ce grand Capitaine que la brieueté de mondiscours ne mepermet
pas de raporter; non plus que la valeur des renom-
mes Nicolas, Othon, Iaques & Guillaume Vento,
les deux premiers admiraux de la Republique contre les pizans & venitiens, Othon de qui les armes
victorieuses pacerent iusques dans l'empire de grece pour la defence de cet estat, & qui se signala
soubs l'estendart de l'Eglise dont il fut le general
d'Armée contre Mainfroy. Guillaume apres auoir
adiuerses rencontres serui de rempat à l'Estat genois;
& soutenu les Couronnes de plusieurs potentats,
porta luy mesme la qualité de Prince Souuerain de
Menton, & Pupin, comme il paroist par la conuenti-
on que fit Charles d'Aniou, Comte de Prouence, &
despuis Roy de Naples, auec lestat de Genes; soubs-
crite par les premiers Gentilf-hommes de la Republique, entre les quels est nommé Iaques Vento, &
par elle en vn des articles il est porté que le susdit
Guillaume Vento, qui possedoit Menton & Pupin,
les retiendroit & occuperoit à laduenir paisiblement,
luy & ses successeurs. les Archiues du Prince de Monaco marquent aussi que ledit Guillaume estoit souuerain de Menton; & tenoit cette ville & Chasteau
auec toute indepédéce: & en effect l'an 1290 il fit quelques Statuts qu'il vouloit estre exactement obserués
par ses sujets, & dont il fit faire la lecture *impleno*

parlamento pour ne changer les mesmes termes du manuscript dans lequel les dits Statuts son inseres.

Les seuls charmes de nostre nation gagnerent ce Prince que la Victoire suiuoit par tout : il accompagna Charles d'Anjou à la conqueste de Naples ; & sa consideration luy fit ambrasser le party des Guelfes, ausquels se joignirent les Grimaldi, les Fiesques & Marrocelles: ces factiós qui esmeurét toute l'Europe, firent aussi prendre les armes à la Republique, qui ne trouua d'equitables juges de ses diferents que dans la Chaire de S. Pierre, lors occupée par le Pape Innocent 5. sa Saincteté termina toutes ces guerres par vne paix generale, qui fut conclue à Rome le 18. de Iuin de l'an 1276, en presence des Ambassadeurs Guido Spinola, Babilano d'Oria, l'anfranco pignataro & Gio Vgolino è *tra Fieschi, Grimaldi, Marocelli, venti è gl'Altri aderenti* dit Frençesco Zazzera dans ses familles d'Italie *nella qual Sentenza*, repette le mesme autheur *Stimo cosa notabile Il vederui riceuuti per testimonij, Filippo Jmperador di Constantinopoli, Carlo primo d'Anio Re di Napoli & Vgo Comte di Brenna.* C'est bien en estect l'action la plus memorable dont les annales facent foy ; & les chefs de ces deux partis deuoient entre d'eminante contion , puis qu'ils auoient vn Empereur & vn Roy pour les temoins de leur accord. cette paix, qui ne fut plustost qu'vne treue de trois ans, renouuela vne plus sanglante guerre, qui obligea les Guelfes de Genes à se metre soubs le protection du mesme Roy Charles de Naples, dont nostre Guillaume Vento, fortifia puiſſamment le party, remetant ſa Principauté de Manton, es mains des Officiers de ce Monarque, qui ſouſtinrent diuers Sieges contre les forces des Gibelins. Georges Vento, l'vn des deſcendent de Guillaume, eut guerre auec le Comte de vintemille & les habitans de Nice, acauſe des Chaſteaux de Menton, Rochebrune & Pupin, l'ors la Republique arma en faueur des Vintemille & Niçars; mais ſans aucun progrés: l'an 1317 ce diferent ſe termina par arbitres, côme il paroiſt par l'acte qui en fut dreſſé, & ſe trouue encore dans les Regiſtrs de Franceſco Neptille Notaire de Gènes.

Cependant l'amour des Fleurs de Lys ne mouroit point dans la famille de Vento, le Prince Guillaume qui premier en auoit eſté eſchaufé la tranſmit ſi ardente à tous ſes ſucceſſeurs; que douze ans apres ce traicté, damien & Iulien Vento, armerent vne galere à leurs fraix pour le ſeruice du Roy Robert, qu'il accompagnerent en diuerſes expeditions, comme il eſt iuſtifié par les regiſtres de ce Prince. l'an 1336 Eduard vento fut ſeruir le Roy de Caſtille, & Barnabé du meſme nom monta vn de ſes Vaiſſeaux pour joindre l'armée Naualle de France, compoſée des trente Galleres que commendoit Charles Grimaldi, ſur nommé le grand. Enfin la maiſon de Vento eſtoit ſi ardemment entrée dans l'intereſts de nos François, que le declin du regne des Princes d'Anjou dans les Siciles, leur fit meſpriſer la Souueraineté qu'ils poſſedoient en Italie: Ionatas refuſa d'eſtre Roy pour deuenir l'amy de Dauid; & les Vento n'aymerent

deſtre Princes, que tandis que nos Princes fûrent
Roys. Emanuel Vento fut celuy qui rendit cette
principauté au meſme Charles Grimaldi 1346. quelques années apres thomas, perceual & Adam vento,
fils de Perceual premier du nom, ſe ſeparerent &
furent en diuers lieux former de nouuelles branches
de cette ancienne ſouche. Thomas choiſit ſa demeure en la ville de trapene en ſicile ; & de luy ſont Iſſus les Barons de Redda, les Seigneurs de *Borro-*
mere & les Vento de Calabre. perceual reſta à Genes, ou ſa poſterité s'eſt perpetuée iuſques à preſent.
Adam Vento ſeretira à Marſeille, & donna commencement à la branche. qui forme auiour-d'huy
pluſieurs rameaux en cette ville. cet Adam premier
pere de nos nouueaux françois eſpouſa Caracoſſa,
fille d'Ignace d'Oria, & tante d'vne autre Caracoſſa
Doria, qui fut mere du fameus Prince de melfe André, Doria. Il eut de ſon mariage Perceual Veuto
Conſeiller du Roy *René* de Sicile ; & ſi fort affecṫiõ-
né à ce Monarque, qu'il ne le ſuiuit pas ſeulement au
voyage de Naples ; mais luy ouurit encore ſa bource
aux frais & neceſſités de la guerre : action que Noſ-
tradamusà remarquée en ſon Hiſtoire de Prouence,&
dont le meſme Roy conſerua le ſouuenir iuſques à ſa
mort ; l'ors de laquelle il chargea ſou heritier du
r'ambourcecement de 500. Florins, dit cét autheur,
qui furent payés aux enfants de Perceual qui auoit
auſſi eſté premier Conſul & Gouuerneur de Marſeille 1464. Il eut de ſonmariage auec Maguerite de
Mary Noble Genoiſe, Iaques & Adam de *Vento,*

il

Il espousa en seconde nopces Amillette de Ramesan, qui luy laissa Pierre & René *Vento*, le dernier filleul du Roy de ce nom. Iacques fut pere de Louys, *V*iguier, puis premier Consul de Marseille, mary d'Isabeau Meillore, fille de Barthelemy dit de Lugna, Gentil-homme Luquois, de laquelle il eut trois fils qui ont formé autant de branches ; Charles celle des Seigneurs des Penes, Louys de ceus de la Baume & Christophle qui a faict le dernier rameau.

Charles dont le merite & le sçauoir furent connus du pere & restaurateur des lettres, François premier, receut par ce mesme Roy les prouisions de la charge de *V*iguier de Marseille ; elles furent expediées à Clery le 19 Feurier de l'an 1544 ; & apres vne l'ongue possetion & le rébourcemét de la ville, il s'endemit & fut encore premier Consul & Gouuerneur dudit Marseille. Marc Antoine son fils, aussi genereux & fidelle sujet de nos Roys que ses ayeuls auoient estés bons Guelfes ; porta hautement les interests de l'Estat contre les factions de la Ligue ; il resista aux forces du Duc de Sauoye qui se vouloit rendre maistre de Marseille ; fut député de la mesme ville vers sa Majesté pour receuoir les ordres necessaires à son repos ; & aprés la mort de l'infidelle Casaux sa vertu fut par deux fois Couronnée du gouuernement & Consulat de la ville, en laquelle il fit fonction de maistre de camp de la milice l'an 1622. lors que Louys le iuste fit son entrée à Marseille. Cet Illustre Seigneur mourut sans enfants, & Institua son heritier Louys fils de Louys de Vento premier du nom, & d'Izabeau melilore. Ce Louys deuxiefme efpoufa magdelaine d'Albertas, de la quelle il eut Nicolas de Vento, comme fon pere Lieutenant particulier & affefeur en la fenefchaufée de Prouence, du fiege de Marfeille ; fa femme Marguerite de Felix la rendu pere des enfans fuiuants.

Meffire Marc Antoine de Vento Seigneur des Penes, Baron de Peiruis & autres places, Heritier de la vertu de fes ayeuls, à auffi poffedé les mefmes charges : il à efté premier Conful & Gouuerneur de Marfeille ; & paffant dans vne aliance digne de fon extraction à efpoufé Renée de Forbin, fille de Meffire Gafpard de Forbin Marquis de Ianfon, & de Marguerite de Forefta, qui luy à donné pour enfans, Louys-Nicolas de Vento, Baron de Peruis, Marquife Religieufe à fainĉte Cetherine d'Auignon, Gafpard Cheualier de Malthe & Page de la Châbre du Roy, l'ange decedé en bas age, Renée, Laurents & Genevieue Vento.

Blanche de Vento à efpoufé Baltazar de Cipriani. Meffire Lazare de Vento Seigneur de la Baume, fecond fils de ce mariage, pareil en toutes qualités aux plus illuftres de fon fang, n'a rien de moins que l'occafion qui faiĉt efclater le merite, par le iour qu'elle donne aux grandes aĉtions : il n'eft pas encore marié, & à pour feconde fœur Marquize de Vento, femme du Seigneur de fainĉt mefme de la maifon d'Albertas.

Chriftophle dernier des fils de Louys premier, & le fondateur de la troifiefme branche qui s'eft formée

à Marseille , fut gentil-homme des ordinaires de
Henry 3. qui le crea Consul d'Alexandrie d'Egipte,
puis l'enuoya son Embasadeur extraordinaire à la
porte du Grand Seigneur, pour traicter auec sa hautes-
se, & faire arester les courses des Pirates qui ruïnoient
le commerce de mer. il salia en premieres nopces en
la maisõ de Martin de puilobiers , puis espousa Marguerite fille de Louys de Materon , Seigneur de Pei-
nier , Conseiller, maistre d'Hostel & Cheualier de
l'Ordre du Roy , & de Madelaine de Ferriere, de laquelle il eut deux fils , Louys & Sipion de Vento,
ledernier fut Religieux, Louys de Vento 3. du nom,
fut premier Consul & gouuerneur ; & plusieurs fois
député à la Cour pour les affaires de Marseille : il espousa Marguerite de Mõrolieu fille d'Honnoré, gentil-homme d'honneur de la Reine , & de Marguerite
de Martin de Puilobiers , de laquelle il a eu les trois
fils suiuans.

Guillaume & honoré Cheualiers de Malthe , Messire Louys de Vento quatriesme du nom aujourd'huy
premier Consul & gouuerneur de Marseille ; & l'vn
des aynés de la gloire de ses ensestres , qui porte l'authorité de sa charge aussi haut qu'aucun autre qui lait
precedé ; & dont l'Eloquance & les graces naturelles
n'impriment pas moins de charmes dans les cœurs
que de respec & de retenüe. ce gentil-home à espousé Damoiselle Catherine de Ruffi , fille d'Antoine
de Ruffi, Conseiller du Roy en ses Conseils d'Estat
& priué personnage tres docte & versé dans la con-
noissãce de l'Histoire, & qui dépuis, quelques anées

mis au jour celle de la ville de Marſeille & la Genealogie des Comtes de Prouence.

Pluſieurs autres grands hommes ſont ſortis de la
maiſon de Vento, entre leſquels frere Philippes de
Vento Commandeur de Gafrages, puis grand Croix
de l'Ordre, qui ſe ſignala au Siege de Rhodes. Pierre
du meſme nom deux fois premier Côſul de Marſeille; & courageux deffanceur de cette ville contre l'armée de l'Empereur Chatles: mais vn autre Pierre de
Vento qui les tentations de la fortune ne toucherent
point fut ſecondé d'Eſtinne *Vento* dans la conqueſte
de la gloire du Ciel, ou ils ſe ſont eſleués dans l'Ordre
des Capucins, & morts en eſtime de ſainĉteté il y a
en viron 50. ans, l'vn à Nice & le dernier de la famille
de Maſeille, mort Superieur au Conuent de Dragui-
gnan; lequel apres ſon decés s'aparut tout eſclatent
de gloire à pluſieurs religieux de ſon ordre, qui faiĉt
mention de tous les deux dans ſes ſes croniques.

La maiſon de Vento porte pour armes eſchiqueté
d'Argent & de Geules, le Cimier eſt diferents, aucuns de la famille on porté vne Licorne iſſante d'Argent auec cette deuize *aut viuam, aut moriar*, dautres ont pris vn vent qui ſoufle entre des nuages &
ces mots Italiens *ſe ſpiro ſparirano*, & quelque fois le
vent tout ſeul auec le mot *durate* les ſupports ſont
deux figures humaines repreſentent la fortune auec
cette deuize *virtute duce & comite fortuna* & cette derniere qui n'eſtpas intelligible *opida le parigora*. Les
armes preſentes ſon accompagnées de deux caducées
de France, acauſe de l'Ambaſſade de Chriſtophle de
Vento.

L'ORIGINE des plus anciennes maiſons, les rend d'autant plus ſujetes à l'obſcurité de la fable; on ne peut tirer la verité de l'abiſme de tant de ſiecles reculés : & nos Hiſtoriens ne ſçauroient dire de ces Grands Hommes, que ce qu'il aprenent de la renommée & de leur valeur, qui leur donne vne ſeconde naiſſance. L'Illuſtre & Souueraine famille de Cybo iſſuë de Grece, & à laquelle diuers eſcriuains donnent pluſieurs fondateurs, mais ſans aucune certaine authorité, à commencé de ce faire connoiſtre en Italie, en la perſonne de *Guy Cybo*, Gentilhomme Genois, qui viuoit ſoubs l'Empyre d'Oton premier, l'an 999. pluſieurs de ſes deſſendents ont eſté appellés Champions de la Foy, pour s'eſtre ſignalés és premieres Croiſades, & dans les plus chaudes occaſions, ou le zele Chreſtien à fait armer leur valeur. Mais ce fut *Guillaume premier* du nom, qui ſe rendit premier Partiſan de nos Fleurs de Lys, & qui vint à la ſolde de *Charle* Roy de Sicile, en qualité de General de ſes vaiſſeaux. *Guillaume ſecond*, marchans ſur ſes traces, ſuiuit S. Louys au premier voyage d'outre mer, ou ce bien-heureux Roy le fit Chevalier de l'Eſperon d'Or. Depuis ce meſme *Guillaume Cybo* rendit de ſi importants ſeruices à la République, au temps de ſon ambaſſade vers le Pape Clement quatrieſme, que la Seigneurie luy permit, à luy & ſes ſucceſſeurs, de porter les Armes de Gehes en chef des ſiennes. Les Princes de la maiſon Royalle d'Anjou, ont receu des ſenſibles preuues de l'affection des Seigneurs de ce nom, Entre leſquels, *Charles Cybo*, Conſeiller du Roy Robert, Gouuerneur de Naples & de Capouë. *François*, crée Comte de Gragnano, l'an 1340. par le meſme Prince Robert Roy des deux Siciles. Mais *Arano Cybo* donna encore plus d'eſtenduë à la reputation de ſes armes, dont il remplit tous les Eſtats

de

de l'Italie, & parut d'vne fidelité fans exemple, pour
le feruice de nos Monarques François. Le Roy René,
furnommé le Bon, le choifit pour gouuerner fon
Eftat, en qualité de Vice-Roy & Capitaine General
du Royaume de Naples : qu'il defendit long-temps
contre l'Arragonnois, & qu'il auroit conferué, fi fa
valeur n'auoit point efté eludée par l'artifice de l'ennemy, qui furprit la ville de Naples par vn viel aque-
duc, 1442. Ce Heros, voulant que fa perte accom-
pagnaft celle de l'Eftat, fe jetta dans le gros des ennemis, pour s'ouurir vn paffage à la mort : mais toutes fes bleffeures luy furent plus glorieufes que mor-
telles, & deuenant le prifonnier d'Alphonfe, il en
captiua tellement les affections, que depuis il deuient
vne feconde fois l'appuy de ce Royaume. Cette mefme famille de Cybo, à fait encore paroiftre la durée
de fes inclinations pour la France en fes derniers fiecles. Le Cardinal Innocent Cybo euft grande part
és bonnes graces du Roy François premier, qui luy
fit conferer l'Euefché de Marfeille, & les Abbaïes
de S. Victor & de S. Ouen. Iean Baptifte fon frere,
receut la mefme Prelature : Et le facré College, eft
encore auiourd'huy illuftré par l'Eminentiffime Cardinal Alderano Cybo, cy-deuant Maiftre du facré
Palais, & Legat au Duché d'Vrbain : à la creation
duquel la France n'a pas moins pris de part que toutes les autres Puiffances de l'Europe. C'eft vn Prince
qui conceruе les mefmes vertus qui efleuerent
autrefois Iean Baptifte Cybo au Trofne Sauuerain
de l'Eglife : il eft fils de Charles Cybo, Prince de

Maffe,

Maſſe, de Carrare, Leuanza & Monita, Duc Da-
jello, &c. Lequel malgré l'engagement qu'il a au
party Eſpagnol, ne laiſſe de conceruer cette naturelle
inclination, que ceux de ſon ſang ont eu pour noſtre
Nation, qui eſt obligée à ſon Alteſſe, de cette gene-
reuſe eſtime, & des faueurs qu'elle reçoit de ſes bon-
tés en toutes ſortes d'occaſions. La Princeſſe Dona
Brigida Spinola ſa femme luy a laiſsé d'autres enfans,
freres du ſuſdit Cardinal. Dom Alberic Cybo, Marquis de Carrare, preſomptif heritier de ceſt Eſtat,
Prince accompli en toutes les qualités neceſſaires
aux parfaicts Souuerains, & qui de la Princeſſe Fulvie
Pic de Lamirande ſa femme à pluſieurs enfans, entre
leſquels Charles, en qui les vertus de ſes ayeux pa-
roiſſent hereditaires, & qui fait tout eſperer du commencement d'vne ſi belle vie. Les autres Heros de
cette Illuſtre & fœconde famille, ſe nomment Gia-
netino Franciſco, Lorenzo, Edoardé, & Dominico
Cybo, dont le particulier merite égale la grandeur
de leur extraction. Les Princeſſes Marie & Veronica
Cybo ſont mariées, l'vne au Prince Galeotto Pichy,
Duc de Lamirandé, & Comte Souuerain de Con-
corde, & l'autre au Duc Saluiaty : Tous ces Princes
portent pour Armes eſcartelé au premier & quatrieſme de Cybo, qui eſt de geules à la bande eſchiquet-
tée d'argent & d'azur, de trois traicts au chef d'argent, chargé d'vne croix de geules, ce chef ſurmon-
té d'vn autre d'or, à l'Aigle imperiale de ſable, ayant
à ſes pieds le mot *Libertas*, ſur vn rouleau de gueles,
par conceſſion de l'Empereur Maximilian, donnée au
Prince

Prince Alberic Cybo lors qu'il le crea Prince de l'Empyre, au second d'Eſt, de par leur Ayeulle Marphyſe d'Eſt, au troiſieſme d'or, coupé de geules à l'eſpine de ſable fleurie d'argent, miſe en pal, qui eſt Demaleſpine: maiſon tres-illuſtre & ſouueraine, dont ils ſont heritiers de par Ricarde Maleſpine, Marquiſe de Maſſe & de Carrare, femme de Laurent Cybo, Comte de Ferentillo, & ſur le tout de Medicis en Loſange, à cauſe de Magdelaine de Medecis, Sœur du Pape Leon X. fille de Laurent de Medicis, & femme de François Cybo, Comte de Languillare & de Ferentillo, leur cimier eſt Vn Paon roüiant, donné par le Roy René à Aron Cybo, auec ſes mots François, *Leauté paſſe tout,* La deuiſe ordinaire de la maiſon eſt vne Sigoigne, regardant le ſigne des Balances dans le Zodiaque poſée ſur vn cube, qui fait alluſion au mot de Cybo, auec ces paroles Grecques, *KAY EX-OMEN EN CVBO,* qui veut dire, Au cube reconnoiſſance. La famille de Thomaſſelle', au Royaume de Naples, & de laquelle eſtoit le Pape Boniface IX. eſt encore vn rameau de cette ancienne tyge, quoy qu'elle n'ait concerué que les Armes.

PALAVISSIN.

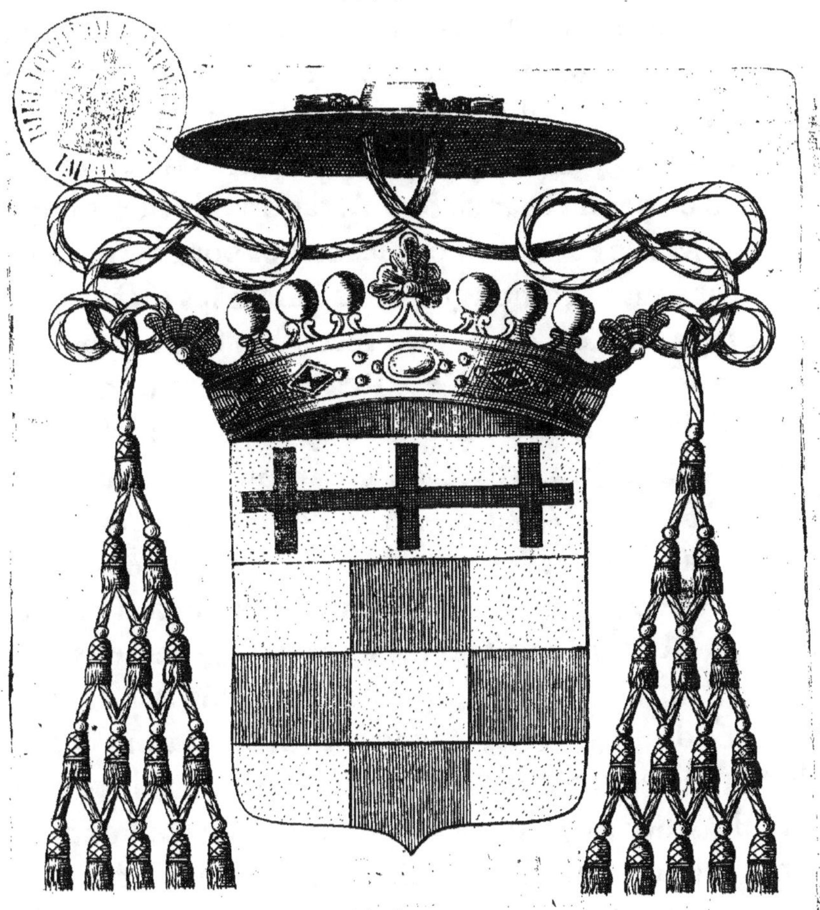

LES clartéz de la naiſſance font beau iour aux
grandes entrepriſes, & nous rendent bien plus
ſenſibles aux traits de la gloire & de l'honneur. Les
Seigneurs de ce nom, qui tirent leur origine des Princes
de Milan, ont tous eſté accompagnez de valeur & de
grandeur de courage, portans les intereſts de la Iuſtice
auſſi

auſſi hauts que les mouuemens de leurs propres inclinations. Ce fut pour le repos de l'Italie , autant que pour
l'affction que le Cardinal Antoniat Palauiſſin portoit au
Roy Louys douziéme , que ce Prince trauailla à la paix
des Couronnes de France & d'Arragon , de meſme qu'-
Antoine Marie Palauiſſin prit les armes pour cette cauſe,
ayant par tout accompagné de ſa valeur les victorieuſes
entrepriſes du Roy, qui l'auoit receu à la ſolde de France,
ſous François premier. Le Viſcomte Palauiſſin , frere
d'armes du fameux Pierre Stroſſy commandoit 1000.
hommes en noſtre armée de Piedmont , & eut part ez
priſes de Riuole, Villane, S. Ambroiſe, & autres places
de ce …at ; il fut à l'entrepriſe de Genes , auec Guy de
Ranﬤ Fregouſe. Le meſme Roy , certain de ſon
merit   onne côduite dans les commandemens militaires, choiſit ce grand Capitaine pour ſurprendre Cre-
mone, & donner bataille au Prince Sforce, dont il ayda
à deffaire l'auantgarde. Mais ce n'eſt pas dans les batailles ſeules que les grands Perſonnages nous ont exprimé
leurs affections; le ſacré College fut témoin des ſoins
& du zele auec lequel le genereux Cardinal Palauiſſin
trauailla pour l'abſolution de Henry le Grand, Monſieur
d'Oſſat dans ſes lettres en fait vn adueu public pour le
Royaume , & parle meſme de quelques gratifications
que le Roy fit en ce temps là aux Parens de ce Prelat,
dont la Maiſon a fait pluſieurs branches en Italie, l'vne
deſquelles fleurit encores en la Republique de Genes
entre les premieres, & continuë ez perſonnes de l'Illuſ-
triſſime Franceſco Maria Palauicino, qui l'an 1647. lo-
gea dans ſon Palais noſtre Ambaſſadeur le Marquis de
Fontenay

Fontenay Mareul, & fit deux iours confecutifs dés feux
de joye pour la promotion du Cardinal de Sainte
Cecile, qu'il traitta du depuis à Bifagnio, & dans toute occafion a paru tres-affectionné à la France, qui a
beaucoup receu de feruice du General Tobia Palauī-
cino, qui dans les efmotions de Naples commandoit
les troupes Françoifes dans Ciuita Ducal au païs de la
Bruce, où il fut long-temps afliegé, puis fe rendit par
compofition au Prince Sauelly, qui malgré la capitu-
lation le tint quelques iours prifonnier, puis le relâchea
fur les plaintes que noftre Ambaffadeur en fit en Cour
de Rome ; le mefme ayant efté quelque temps retiré
chez le Cardinal Grimaldy à Rome fut au fiege de
Piombine, où il feruit la France auec beaucoup de zele
& de valeur. Cete mefme Illuftre famille a efté n'a guere
couronnée en la perfonne du Sereniffime Auguftin Palauicino Duc de la Republique ; les Seigneurs Dominico Procurateur de la Seigneurie, & Angelo, & Ste-
phano Palauicino pareillement employez ez premieres
charges de cet Eftat, font de ce mefme fang.

Et portent pour Armes cinq poincts d'or equipolez
de quatre d'azur au chef du premier chargé d'vne Croix
alezée & recroifetée de fable; fupport, &c. cimier, &c.

LOMELINO.

ENTRE les vingt-huiƈt familles qui occupent le
premier rang de la Republique, celle de Lomelin
eſt des plus connuës à la France, par les fortes & ſenſibles expreſſions de ſon affection, qui s'eſt meſme ren-
duë ingenieuſe à ſe produire dans toutes les occaſions
où l'intereſt de la Monarchie l'a peu faire paroiſtre.

Gioanni

Gioanni Lomelin l'vn des plus braues de son temps, fut choisi pour vn des Lieutenans Generaux de l'armée Naualle qui deuoit conduire le Roy René dans son Royaume de Naples. Et lors qu'Aaron Cibo Vice-Roy du mesme Monarque se sentit pressé de l'ennemy, qui assiegeoit Naples, ce fidele Gouuerneur n'eut recours qu'à Mathieu Lomelin pour le secourir de viures & de munitions necessaires à la conseruation de cette place, le connoissant l'vn des plus puissans & riches Seigneurs de Genes, comme l'vn des plus grands partisans des fleurs de Lys. L'an 1432. à la fameuse iournée de Pousa, où la flotte Genoise, armée contre nos ennemis, sous le commandement de Biagio, ce fut au vaillant Galeot Lomelin que le Roy de Nauarre se rendit, de mesme qu'Alphonce d'Arragon deuint le prisonnier de Iaques Iustinian, autre Heros, dont les descendans ont rendu plusieurs seruices à cet Estat; du despuis le Roy François ayant porté ses armes en Italie, Nicolas Lomelin partagea la gloire de ce combat si celebre, dans lequel l'armée nauale Espagnole fut defaite deuant Naples; Hugues de Montcade l'Admiral tué, Ascagne Colonne, & Philippe Cerbelon pris, auec quantité d'autres prisonniers Illustres : Et dans ce dernier siecle l'on ne peut assez loüer le zele & la passion que ceux de ce Nom ont eu pour Henry le Grand, qui reciproquement a beaucoup cheri cette Famille, & particulierement le Clerc de la Chambre Apostolique, pour lequel sa Majesté fit diuerses instances pres du Pape pour luy faire donner le Chapeau de Cardinal, comme l'auoit porté l'Eminentissime Benoist Lomelin son Oncle. Ce fut luy

qui

qui donna vn fidele aduis au Cardinal d'Ossat de l'attentat formé contre la personne du Roy, lors que ce Prince faisoit poursuiure son absolution à la Cour de Rome, où ce bon & fidele seruiteur apres auoir longtemps rendu des longs & assidus deuoirs pour en faire haster l'accomplissement. Il en partit pour aller treuuer sa Majesté en son armée de Sauoye, où il deceda. Cette derniere action couronnant la sincerité de tous ses seruices passez. Ce fut encore à la priere du Seigneur Ambroise Lomelin que le susdit Cardinal d'Ossat presenta le Pere Lomelin au Cardinal Aldobrandin pour estre à la recommandation du Roy; pourueu à l'Archeuesché de Genes; en laquelle Republique fleurissent encores aujourd'huy plusieurs Illustres Seigneurs de ce Nom. Entre lesquels Barthelemy, François, Raphaël, Nicolas Marie Lomelin, & autres non moins bien intentionnez pour le seruice de cette Couronne, comme l'a encore témoigné dépuis peu d'années le Gouuerneur de Rome, de cette mesme Famille, qui fit afficher dans toutes les ruës de la Ville, contre les assassins du Depuré du Clergé de Portugal, promettant 500. escus à qui en donneroit la connoissance.

Cette Maison porte pour Armes coupé d'argent & de gueules, support &c. cimier, &c.

SACCO.

LAualeur peut eſtre commune à tous les hommes, mais cette force d'Ame, que lon appelle
Conſtance, & grandeur de courage, n'eſt bien ſou-
uent qu'vne teinture de deſeſpoir, pluſtoſt qu'vne
marque de generoſité. Caton mourant, & Sceuole

se bruflant la main qu'il n'auoit peu tremper dans
le fang de l'ennemy de Rome, & tout celuy que
l'antiquité à refpendu, pour la gloire, & la liberté
de fa patrie, ne merite point d'Eloges, en com-
paraifon des braues Cheualiers de la maifon de
Sacco, lefquels par vn principe tout diuin, fe font
deuoüés à la conceruation de l'Empire des Chre-
ftiens, & à l'hôneur de l'Ordre des Cheualiers de
S. Iean de Hierufalem.

L'ancienne Genealogie de cette maifon, luy donne
Catilina pour fondateur, & dit que cet Illuftre malheureux eftant banni de Rome, fe retira à Frezoli, ou
cette Tige s'eftandit en plufieurs Branches, qui toutes ont pris le nom de facco, & fe font multipliées
en diuers lieux de l'Italie; & particulierement és
villes de Sauonne, & de Florence, les theatres de
la plus efclatante valeur des Seigneurs de cette famille. L'ordre de Malthe conte plufieurs martyrs de
ce fang, qui font morts pour la defance de la foy, &
de leur Religion; & ne fauroit affes conceruer la
memoire de frere Iean de Sacco; auquel ce mefme
Ordre decerne encore vne recognoiffance annuelle,
pour le feruice important que luy rendit ce vaillant
Cheualier lors du premier fiege de Rhodes. Ce fut
en ce temps, que ce Gentil homme tout Cheftien
touché des malheurs dont fa religion eftoit menacée,
delibera auec vn de fes amis, de la maifon de formica, d'aler fecourir cette place affiegée.

Ces Heros fans rien confulter que leur foy, & leur
courage, efquiperent à leurs frais deux grands Vai-

seaux au port de Sauonne, qu'ils chargerét de muni-
tiós neceſſaires pour rafrechir les aſſieges, & malgré
toute la reſiſtance des armes Othomanes, les cõduiſi-
rent & dechargerét au port de Rhodes, & non con-
tants de cet important ſeruice, voulurent encore
payer de leur ſang & de leur vie, le rachapt de cette
place qui à ſi long tempt eſté le rempart de la Chreſ-
tiente. La Religion pour repondre à tant d'actions
heroiques, & conceruer pour iamais la memoire de
ces glorieuſes Hecatõbes, Sacrifiées pour la gloire &
pureté de nos Autels, par vn decret general ordonna
que deſormais le cõmandeur de S. Iean de Sauonne,
feroit annuellemét porter le iour de Paſques en cere-
monie & par forme de presét, vn agneau cuit & doré,
orné de *Banderoles*, & accompagné de trompetes
en la maiſon de laiſné des Seigneurs de Sacco, pour
le partager auec la famille de Formica. Deſpuis
quelques années la race de Formica eſtant finie, lag-
neau antier eſt apreſent porté au logis de Meſſieurs
de Sacco, dont eſt chef le Seigneur Antoine qui cette
année preſente à encore receu les meſmes recog-
noiſſances. Cet Illuſtre ſang neſt pas ſeulement fertile, en braues Chreſtiés, il à encore donné pluſieurs
fidelles ſeruiteurs à la France. l'Italien maſcardi
traictant de la coniuration du comte de fieſque, ſur
la Ville de Genes, dit qu'apres qu'André d'Oria eut
chaſſé la garniſon Françoiſe des Villes de Genes &
de ſauonne, exortant le peuples a reprendre ſon ancienne liberté, le comte Iean Louys de fieſque, a la
perſuaſiõ du Cardinal Triuulce, & par les Conſeils de

son confident Raphaël Sacco Iurisconsulte de Sauonne, & grand Partisan de la faction Françoise,
entreprit de remetre les mesmes places au pouuoir
du Roy, estant asisté des armes de sa Majesté. mais
quelques autres personnes augmentant l'ambition
de ce Seigneur, le pousserent à sa Ruïne, aulieu de
le conduire à la Victoire. c'est encore à la teste de
nos armées qu'aparut la valeur des Sacco, & tant de
fois esprouée, auec leur fidelité, qu'au raport de Phi-
lipes de commines, le Roy Charles huictiesme, auoit
vne particuliere confiance au seruice de Messire
Francesco Sacco, que les Florentins presenterent à
sa Majesté au retour de Naples, pour commender
dans nostre Armée, vn corps de huict cens hommes
d'Armes, & de deux mille fantassins, soudoyés par
la Republique. Le mesme autheur parlant de la iournée de Fornoüe, dit que le Roy auoit prés de sa personne trois braues Cheualiers Italiens, Iaques Tri-
vulce, Francesco Sacco, vaillant Cheualier soldoyé
des Florentins, âgé de 72 ans, & Camille Vitalli,
les deux derniers sur le Conseil que lon teint tou-
chant les fuyars que lon vouloit poucer, furent
d'opinion que l'on marchast contre eux, mais
les François furent d'auis contraire : *Sacco soustint
long temps son opinion*, dit Commines, *aleguant que
ceux qu'il voyoit passer & repasser sur le chemain de
Parmes, estoient des fuyars, & il disoit vray, comme
l'on sçeut despuis, & á sa parolle, & contenance, Il estoit
hardy & sage Cheualier, & qui eut marché contre eux,
c'eust esté la plus belle, & grande victoire que la France
eust*

euſt ramportée des puis dix ans. Ce ſont les meſmes
paroles de Commines, qui ne peut aſſés eſtimer
le Iugement, & la reſolution, de ce vieux Collonel,
qui dans vn age decrepit, diſputoit encore de la vi-
gueur, & de l'ardeur, auec nos plus ieunes Capitaines;
& ne relacha de cette naturelle inclination qu'il
auoit pour la Guerre, que l'an 1496. qu'il fut tué en
triomphant de ſes ennemis, & faiſant retraicte auec
Hercules Bentiuole, le iour de la defaicte de Iean
paul Manfron, Capitaine general des Venitiens, qui
eſtoit veneu au ſecours des Pizans, & fut poucé ce
iour par les Florentins, iuſques auſmurs de vicopiſan.

C'eſt de la ville de Sauonne qu'vne Branche de
cette Tige eſt venuë former de no.uueaux Rameaux
en ce Royaume, & que deſpuis 1458 Meſſire Leonard
Sacco s'eſt rendu habitant de Marſeille, comme il
paroiſt par vn acte paſſé par les Conſuls de la ditte
Ville, contenant ſa reception entre les Citadins. Il
eſpouſa l'heritiere d'Antoine Nicolas, & de Catherine de Boniface, maiſon des plus qu'àlifiée de la Prouence, & qui à poſſedé les principales dignités de
l'Ordre de Malthe. Il eut de ſon mariage François,
qui s'allia dans la famille de Vento, autre des plus
Illuſtres & renômées de l'Eſtat de Genes, & fut pere
de Iean qui eſpouſa la ſœur de l'Illuſtre Preſident de
Serre, & eut pour fils & heritier Leonard Sacco,
lequel de ſon mariage auec la Demoiſelle de Begue,
eut Barthelemy auiourd'huy viuant qui s'eſt alié dans
la famille des Caradets de Bourgongne, que Noſtra-
mus dit ſortir des Princes d'Acaye. ce Gentil-homme

repondant à la fidelité & affection que fes peres ont eu pour cette Couronne, à faict plufieurs campagnes au feruice du *Roy* ; il s'eft treuué au Siege de Monpelier, & de Montauban, à la prife des Ifles de S. Honorat ; on partout il s'eft montré digne du fang de fes Ayeulx : il à Nagueres Marié vne de fes fille dans la maifon de *Georges* d'Oliere tres Iliuftre originaire d'Allemagne. Son frere puifné eft Religieux officier de l'Abbaye de S. Victor, & toute la famille porte pour armes, coupé d'Argent & de Sable Cimier vn Aygle de fable, Supports deux Aigles de mefme. les prefentes Armes font accompagnées de Drapeaux accaufe de la charge de Collonel des Florentins pour la france, que poffeda Francefco Sacco.

GRILLE.

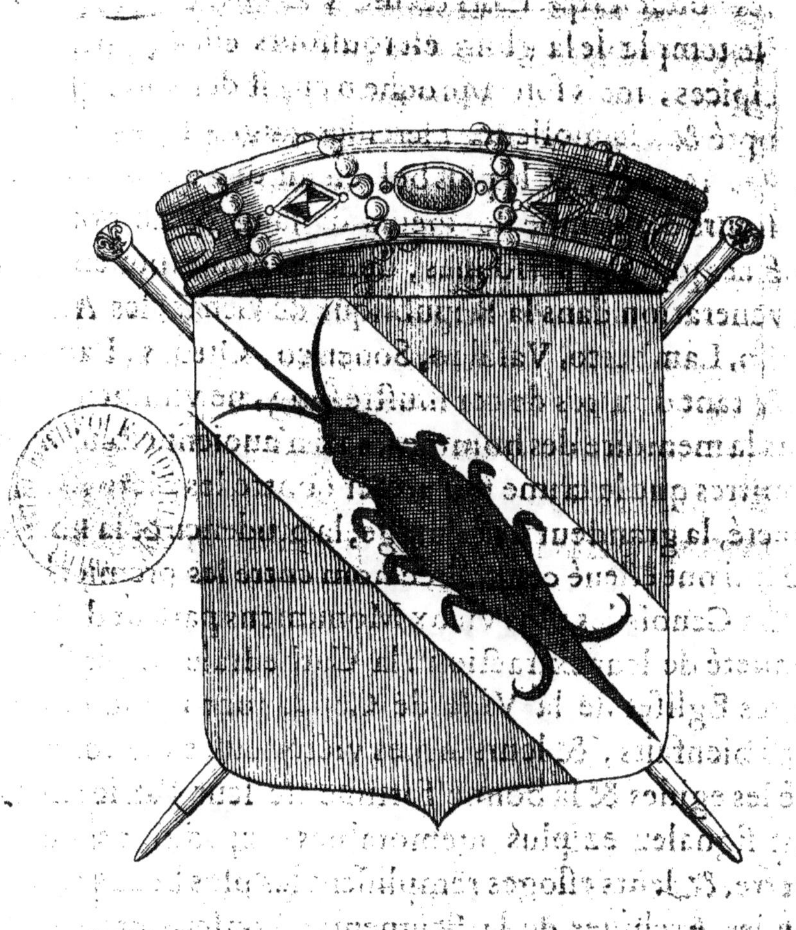

C'EST le plus beau combat que le cœur puisse prendre, que de s'esleuer contre la violence des passions, & de les maistriser comme ses esclaues. Ce petit animal qui compose les armes de la maison de Grille : le Grillet qui nage d'ordinaire contre le fil de l'eau, apprend à nous roidir contre le penchant du vice, & vaincre

cre les obstacles qui nous reculent du chemin de la vertu ; le temple de la gloire est tousiours esleué parmy les
precipices, mais son approche n'en est deffendu qu'à la
volupté & à la mollesse. Hercules gaigna l'immortalité
par ses trauaux, & le plus bel émail des couronnes est
tousiours destrempé des sueurs de sang & de poudre :
ainsi ces grandes personnes, dont les noms sont encores
en veneration dans la Republique de Genes ; les Amico
Grillo, Lamberto, Vasaldo, Soderico, Ottons, Lauren-
so, & tant d'autres de cet illustre sang, ne viuroient plus
dans la memoire des hommes, s'ils n'auoient estouffé les
monstres que le crime fait armer contre les Heros. C'est
la pieté, la grandeur de courage, la prudence & la libera-
lité qui ont esleué ceux de ce nom entre les premiers de
l'Estat Genois: les plus vieux Monumens parlent de l'ancienneté de leur extraction : la Cathedrale & plusieurs
autres Eglises de la Ville de Genes sont restaurées de
leurs bienfaits, & leurs armes victorieuses ont souuent
esté les egides & la bonne fortune de leur Patrie : ils se
sont signalez ez plus memorables expeditions de la
guerre, & leurs esloges remplissent les plus beaux titres,
que les Archiues de la Seigneurie conseruent depuis
cinq cens ans ; les charges les plus importantes, soit de
mer ou de terre ; les Consulats & les Ambassades ont esté
commis à la force de leur iugement ; comme on a con-
fié à leur valeur le succez & la conduite des armées. Entre ces Demy-Dieux de Ligurie, le fameux Amico Grillo occupe plus de place dans l'Histoire ; il fut Admiral de
la flotte Genoise l'an 1125. & parut entre les premiers Gibelins qui porterent leurs victoires aussi loing que le

parti

parti rencõstra d'ennemys : & ce fut en confideration
des importans feruices que fes peres & luy rendirent à
l'Empire, qu'il retint par conceffion de l'Empereur l'Aigle Romaine pour le cimier des armes de fa maifon;mais,
cet honneur fut fuiui d'vn bien plus grand, & le Ciel fe
plaifant à verfer fes graces dans fa famille, permit qu'il
fuft grand Pere du Pape Innocent quatriefme, le Pere de
tous les fideles, & que la pourpre facrée releuaft l'efclat
de fon fang en la perfonne d'Othon Cardinal Grille, qui
fe fignala en fa Legation d'Allemagne, où il appaifa les
diuifions arriuées fur l'eflection de l'Empereur. Ce grãd
arbre a fait plufieurs branches en France & Italie, mais
il n'a pas toufiours porté des fruits de mefme gouft,
quoy que tous tres-fauoureux : & bien que fes rameaux
fe foient pliez en diuerfes routes, ils ont par tout formé
des couronnes. Ces derniers fiecles ont admiré Angelo
Grillo, General de l'Ordre de S. Benoit, que l'innocence
& l'aufterité de fa vie exemplaire, de mefme, que fa
profonde doctrine auoient fait nommer au Cardinalat.
Son frere Paul Grillo, l'amour & les delices du Duc
d'Offonne, ne fe rendit pas moins celebre dans le Royaume de Naples par la beauté de fon efprit, & cette
grace fi naturelle à ceux de fa maifon, & tous deux donnerent des parfaites demonftrations d'amitié & d'efti-
me au fieur d'Eftoublon leur parent, & reconnurent encore en ce Gentilhomme François les mefmes qualitez
qui brilloient fur le front de leurs ayeuls. Simon Grille
fut le premier qui vint en France l'an 1400. quoy que
dés long-temps ceux de cette famille euffent donné
leurs affections aux Princes du fang François, & que
l'hiftoire

ait remarqué George Grille entre les Seigneurs de la
Republique , qui commanderent la flotte que le Senat
accorda au Roy René de Sicile pour le recouurement de
son Royaume. Ce premier Grille se rendit si recomman-
dable en la Ville d'Arles , qu'il fit eslire ses freres & fils
Simon & Iaques de Grille tous deux Consuls. Pierre fils
de Simon deuxiesme le fut pareillement , & son fils Valentin joignit au Consulat la charge de Viguier perpetuel, & Capitaine pour le Roy dans la mesme Ville d'Arles l'an 1576. Iaques son fils s'esleua à la mesme dignité,
à laquelle est monté Charles , Seigneur de Robiac &
d'Estoublon, aujourd'huy viuant, qui n'a pas seulement
herité des charges & biens de ses peres, mais qui est encore en possession de toutes les vertus qui les ont illu-
strez. La bonne education qu'il a receuë a augmenté la
force de son grand naturel ; en sortant de l'Academie,
il s'est perfectionné dans les voyages, il a demeuré en
Italie, où il a confirmé alliance auec ses parens , encores
tres-puissans dans la mesme Republique de Genes. A son
retour en France il a suiui le Roy en tous les sieges de
son temps, & a porté les armes par tout où son courage
a treuué lieu de les employer. Le Duc de Guise estant
Gouuerneur de Prouence l'honnora de diuers emplois,
& particulierement ez guerres de la feuë Reyne Mere,
où il commandoit la seconde Compagnie du Regiment
de ce Prince. A la iournée du Pont de Sé, il estoit Capitaine d'vne Compagnie de Cheuaux Legers ; & ie ne
puis oublier de repetter ce qui est encore imprimé dans
le cœur de ses Citoyens , le duel memorable qu'il fit aux
portes d'Auignon l'an 1615. contre l'Escuyer du Duc de
la

la Vallette nommé la Mollette, Gentilhomme Gafcon, braue entre tous ceux de fon pays, lequel ayant perdu fon chapeau dans vn bal, menaça toute la Nobleffe d'Arles de la maltraiter, où il en treuueroit l'occafion: & là deffus partit pour Auignon, fans faire aucune ex-cufe de cette brauade; le fieur d'Eftoublon lors à la fuite du Cheualier de Guife prit la pofte, fe rendit en Auignon, où il fit appeller ce braue,& apres luy auoir donné le choix de deux efpées de trois pieds de long le bleffa au corps & au bras, & l'ayant laiffé pour mort emporta les deux efpées en la Ville d'Arles; & c'eft pourquoy le feu Roy de glorieufe memoire l'appelloit toufiours Eftoublon d'Arles. Son efprit vniuerfel l'a fait confiderer entre les plus accomplis de fon temps, eftant né propre à toute forte d'exercices, auffi-bon courtifan que facile Orateur, excellent Poëte, bon foldat, fidele amy, vray Citoyen, grand homme de Cour, bien voulu de Louys le Iufte, qui l'a employé en beaucoup d'affaires d'Eftat & de guerre, chery du grand Cardinal de Richelieu, & particulierement aymé de fon frere, le Cardinal de Lyon. Ce Gentilhomme de fon mariage auec Blanche de Forbin de Souliers, fille de Gafpard Seigneur de Souliers, Gouuerneur de Tholon, & de Clarice de Carces, a eu deux fils & trois filles, laques troifiefme du nom, Seigneur de Robiac, fon aifné, en qui fe reproduifent tant de Heros, fils d'vne fainte, & de laquelle il tient la pieté en partage, auffi bien que l'efprit & la valeur de fon pere : apres s'eftre façonné dans les exercices neceffaires à ceux de fa condition, de l'Academie, il a prattiqué la Cour & la guerre, & a veu l'Efpagne & l'Italie. Le feu Cardinal de

Richelieu

Richelieu touché des bonnes qualitez qui deuançoient son âge, le mit prez de son Neueu le Duc de Brezé, lors de son Ambassade à la Cour de Portugal, où ce ieune Gentilhomme jetta tant d'esclats de ce beau feu dont il est tousiours animé, que le Roy de Portugal l'honnora d'vne Compagnie franche de Cheuaux Legers dans vn Regiment qu'il a depuis commandé en chef. A son retour en France, le feu Comte d'Alez, Gouuerneur de Prouence, connoissant la grandeur de son merite, luy fit present du guidon de sa Compagnie de gens d'armes; & ce Prince l'arresta prez de sa maison par vn lien bien plus considerable que les emplois, luy partageant son cœur & ses plus tendres affections : le Roy mesme particulierement informé de sa suffisance en l'exercice des plus dignes charges, l'a receu en celle de Viguier en suruiuance de Monsieur son pere, laquelle charge il remplit auec beaucoup d'esclat & d'integrité. Cet illustre Gentilhomme a plusieurs enfans de son mariage auec Damoiselle Dauphine de Sertre, Dame tres-accomplie, & digne d'vne si glorieuse alliance.

Messire Antoine de Grille, Seigneur d'Estoublon, frere puisné de Monsieur le Viguier, apres auoir long-téps demeuré prez le Cardinal de Richelieu en qualité d'Enseigne de ses Gardes, & auoir commandé vne galere, est aujourd'huy au seruice de la Reyne entre les Escuyers de sa Majesté, qui considere ses seruices à tel point, qu'elle luy a procuré son mariage auec Damoiselle Louyse d'Azegat, niece & heritiere du celebre Monsieur Vaultier premier Medecin du Roy.

Il ne reste qu'vne des trois filles de ce mesme lit, Damoiselle

moifelle Therefe de Grille, mariée à l'vn des plus illuftres & parfaits Gentilhommes de la Ville d'Arles, le
Seigneur de Beaujeu de l'ancienne maifon de Quique-
ran.

Cette mefme branche s'eft diuifée en deux autres, outre celle qui s'eft formée à Montpelier, & qui conferue
encore hautement fon premier efclat en la perfonne de
Meffire Antoine de Grille Prefidét en la Cour des Comtes, Aydes, & Finances de Montpelier.

Pierre de Grille puifné de Monfieur l'ancien Viguier,
renommé à la bataille Naualle de la Rochelle, auec le
Duc de Guife, & depuis Lieutenant de la Compagnie
des gens d'armes de Monfieur le Comte de Carces en
Catalogne, fous le commandement du Marefchal de la
Motte, donne vne heureufe fuitte au rameau qu'il forme fur cette mefme tige des braues & vaillans Gentilhommes; eftant pere de trois fils qu'il a eu de Damoifelle Marie de Villages, iffuë d'vne tres-ancienne maifon,
Originaire de Berry, qui a donné des Officiers à la Couronne de Naples, auffi bien qu'à celle de Lorraine. Iean
de Villages ayant efté Admiral & Conferuateur du Royaume de Naples, Viguier perpetuel de Marfeille, &
Capitaine de quatre galeres entretenuës audit Port, par
la gratification du Roy René de Sicile; comme il paroit
par lettre de fa Majefté en datte du fixiefme Decembre
1454. Le mefme a efté grand Chambellan de Nicolas,
Duc de Lorraine, & a eu don de la Seigneurie de Four-
ques en Languedoc, pour les feruices qu'il a rendus à la
Couronne de France, de laquelle maifon eft aujour-
d'huy chef Iaques de Villages, fieur de la Chaffagne,
Gentilhomme

Gentilhomme, dont la viuacité de l'efprit & la bonté de cœur promet dans l'Auril de fes ans vne recolte digne de l'efperance que donnent ceux de cette naiffance.

Le mefme Pierre de Grille a deux fœurs qui fe peuuent compter entre les Heroïnes du temps, Madame Catherine tres-deuote & digne Abbeffe du Monaftere S. Cefaire d'Arles, & Damoifelle Louyfe, mere du braue Marquis de S. Andiol Varadier, qui dans ces dernieres occafions a donné de fi fortes marques de fa valeur au fiege de Pauie, dont il a remporté plufieurs glorieufes bleffures.

Meffire Iaques de Grille forme vne autre branche de cette maifon en la Ville d'Arles, eftant fils du renommé Valentin, dont nous auons parlé cy-deffus, vn des plus vaillans hommes de fon temps, & du iugement le plus folide; ayant efté par cinq fois honnoré de la charge de premier Conful de la mefme Ville, & de Damoifelle Magdeleine de l'Eftang de Parade. Ce Gentilhomme eft aujourd'huy marié auec Damoifelle Marguerite de Forbin, de laquelle il a deux fils, qui tous les iours fe rendent dignes de ce noble fang à l'exemple de leur pere, non moins vertueux qu'aucun de la famille, eftant particulierement amy des lettres, & qui accompagne la generofité qui eft hereditaire à ceux de cette race, porte pour armes.

De gueule à la bande d'argent chargée d'vn grillet de fable; cimier vne Aigle Romaine; fupport deux Aigles de mefme; deuife *Nittimur in vetitum*, qui eft celle Qu'Amico Grillo prit allant à la guerre contre les Guelphes, qui n'a toutefois efté continuée par fes defcendans.

RVVERE.

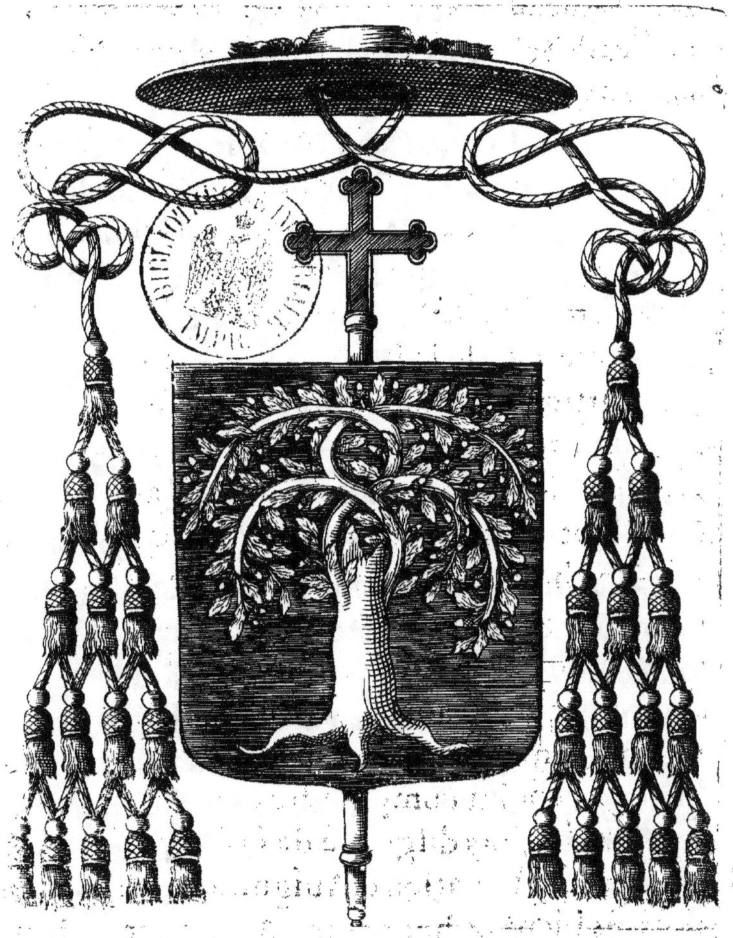

Q VELQVE profondeur que prennent les racines de ce grand arbre, ce n'eſt ny du temps ny des ſiecles qu'il reçoit ſon principal ornement. Hermundus qui en fut la tige luy donne neuf cens ans d'ancienneté; mais Simon de Ruuere ſurnommé le Gras, qui le tranſplanta de Turin dans les terres de Sauonne, eſt celuy qui a commencé

mencé de le cultiuer, & de le rendre par ses soins si fertile en rameaux couronnés, qu'il a fait oublier les merueilles de celuy de Dodone. L'Eglise a ombragé son front de deux Tiares sacrées, & s'est armée de la pourpre d'vn grand nombre de Cardinaux de ce sang glorieux de Ruuere, qui s'est pareillement esleué sur les Throsnes de plusieurs Princes & Souuerains d'Italie. Entre tant de grands personnages sortis de cette maison, le Cardinal Iulien du tiltre de S. Pierre *ad vincula*, a long-temps porté les interests de la France, de mesme qu'il en a receu vne particuliere protection contre ses ennemys. Le Roy Louys onze l'eut en tres-grande estime, & ce fut à sa priere que sa Majesté rendit la liberté au Cardinal Baluë, qui estoit detenu prisonnier depuis plusieurs années. Charles huictiesme l'eut en pareille affection, & le fit compagnon de ses victoires à la conqueste de Naples, où ce Prelat fit paroistre que la valeur luy estoit aussi naturelle que les autres vertus : & le Roy traittant d'accommodement auec le Pape Alexandre sixiesme sur son passage, voulut comprendre dans le traitté ce Cardinal *ad vincula*, lors disgracié de sa Saincteté, qui promit luy redonner sa Legation d'Auignon, & le faire r'entrer dans tous ses biens & honneurs. Au retour du Royaume de Naples ce fut luy qui se rendit Chef d'vne entreprise sur la Ville de Genes, auec le Prince Philippe de Sauoye, & Paul Fregose. Il fut deux fois Legat en France, où il trouua tousiours vn Azile asseuré contre la persecution d'Alexandre : & depuis estant monté à la Chaire de S. Pierre l'Estat François luy fut encores tres-affectionné, & le Roy fit ligue auec sa Saincteté contre les Venitiens, qui

auoient

auoient vsurpé quatre Villes sur le Patrimoine de l'Eglise, lesquelles luy furent restituées par nos armes victorieuses, à la sanglante iournée d'Aguadel. Ce fut le mesme S. Pontife qui fit la paix entre les Couronnes de
France & d'Espagne : mais enfin la prosperité de nos armées en Italie luy donnant de l'ombrage, le Pape se se-
para de nostre alliance; Frederic Marie Duc d'Vrbin
fut aussi d'inclination Françoise, & fauorisa nos armes
sous le regne de François premier. Cette maison a esté
particulierement affectionnée à celle de Medicis, à laquelle elle est aujourd'huy estroitement alliée par le mariage du grand Duc de Toscane Ferdinand deuxiesme,
auec Victoire de la Ruuere Monfeltre, fille & heritiere
du Prince Frederic Vbalde Duc d'Vrbin, & de Claude
de Medicis Princesse incomparable en beauté de corps
& d'esprit, laquelle de son mariage aussi heureux que
fecond a aujourd'huy pour fils & heritier de la Couronne de Toscane, le Prince Cosme troisiesme du nom.

Le Cardinal Iulien de Ruuere portoit pour armes,
d'azur à l'arbre de Chesne ou de Roure d'or fruicté de
mesme; les branches pliées & tournées en sautoir.

Messire Hierosme Mamiani de Ruuere, Comte de S.
Ange, Cheualier de l'Ordre du Grand Duc de Toscane,
Bailly & Prieur de Parmes,& Plaisance,Fils de Frederic,
& Violante Martinozzy, Sœur du Comte Martinozzy,
& Tante de son Altesse Madame la Princesse de Conty,
a réueillé en sa personne cette ancienne affection que
ses Parens ont eu pour la France, qu'il sert auiourd'huy
auec beaucoup de zele & de fidelité.

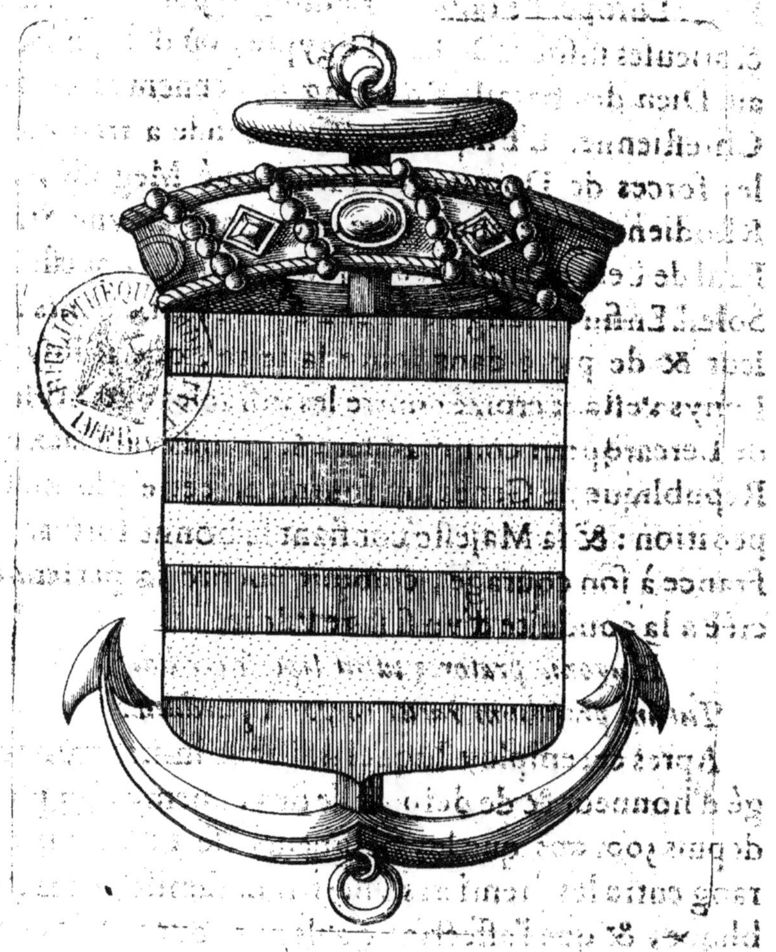

L'ON peut iuſtement dire de cette ancienne,& illuſtre maiſon qui tire ſon origine plus eſloignée des montagnes d'Armenie, ce que Claudian diſoit d'vne famille Conſulaire.

Non indigna coli, nec nuper cognita Phœbo.

Le bruit du nom de Lercare s'eſt fait entendre au delà de

là de l'Europe. Le fameux Belmustus porta ses armes victorieuses iusques dedans l'Egypte, où il fit vn sacrifice
au Dieu des batailles du sang des ennemys de la foy
Chrestienne. L'Empire de Trebizonde a tremblé sous
les forces de Dominique surnommé Megolo, & les
Rhodiens douterent s'ils ne deuoient pas vne Statuë à
Paul de Lercare aussi haute que celle qu'ils ont esleuée au
Soleil. Enfin ce sang genereux a ietté tant d'éclits de valeur & de pieté dans toute la terre, que le Roy Saint
Loüys s'estant croizé contre les infideles choisit Hugues
de Lercare pour commander 16. grands vaisseaux que la
Republique de Genes luy fournit en cette glorieuse ex-
pedition, & sa Majesté confiant la bonne fortune de la
France à son courage, commit encore sa personne sa-
crée à la conduite d'vn si sage Pilote.

Hugonis prætoria idem sæpe se credidit,
Turam præsidium ratus corpore ligurum.

Apres cet employ duquel nostre Admiral reuint chargé d'honneur & de despouille de l'ennemy, ou plustost
depuis 500. ans que les Seigneurs de Lercare tiennent
rang entre les premieres vingt-huit familles de la Republique, & que l'affection qu'ils ont pour la France a pris
commencement, leur zele ne s'est point allenty en vieil-
lissant; nous en auons vn puissant tesmoignage du Cardinal d'Ossat, qui dans vne de ses lettres à Monsieur de
Villeroy parle en ces termes d'vn Seigneur de cette maison.

Le Pape estant à Ferrare, le Seigneur Francisco Ler-
cario, Gentilhomme Genois m'est venu voir, & m'a
communiqué des papiers par lesquels il paroit que les
siens

siens ont esté seruiteurs de France, & ont eu du bien en
Prouence, & m'a declaré luy-mesme l'affection qu'il a
au seruice du Roy, & comme il s'est employé ez derniers troubles sur quelques occasions qui s'en presenterent : il a fait la reuerence à Monsieur le Duc de Luxembourg, & a escrit au Roy & à vous, & depuis m'a
mandé qu'il vouloit aller saluër sa Majesté : il me semble fort honneste Gentilhomme de ce que ie l'ay connu,
& l'ay oüy tenir pour tel de ceux qui l'ont plus frequen-
té que moy, & pour homme de bien & de moyens en
la République ; ie vous supplie de luy donner moyen
de faire la reuerence au Roy, & le fauoriser de vostre
protection là où il pourra en auoir besoin : i'estime que
ce soit chose de seruice & de reputation à sa Majesté, &
à toute nostre nation d'accueillir & caresser les Gentilhommes estrangers de cette qualité, & si bien affectionnez enuers nous.

L'on peut iuger par ce sincere rapport de la forte passion que ce Seigneur François de Lercare auoit pour le
bien du Royaume, dans lequel il est vray que ses prede-
cesseurs ont possedé les Ville & terres d'Orgon, Roque-
brune, Castellucio & autres places, en recompence des
seruices qu'ils ont rendus à la Couronne, qui en reçoit
encore aujourd'huy en la personne de Messire Henry de
Lercare Seigneur de Brignac, fils du feu Seigneur Ioseph, issu de la branche de Hugues de Lercare nostre
Admiral sous Saint Louys, lequel premier de sa maison
vint en France à la suitte de la Reyne Catherine de Medicis, & à la compagnie de plusieurs autres Seigneurs
Italiens, entre lesquels estoit Emeri de S. Seuerin, Prince

de

de Salerne, que le Roy pourueut de l'Euesché d'Agde, &
de l'Abbaye de Villemagne en Languedoc : apres le decez duquel le Seigneur de Lercare fut choisi par le Roy
Charles neufuiesme pour Oeconome General audit
Euesché & Diocese. Le Duc de Montmorency ayant
fait connoistre à la Cour l'esprit & le merite de ce Gentilhomme qu'il estima si parfaittement qu'il voulut luy
donner vne femme de sa main , & luy fit espouser en
la Ville de Pezenas Damoyselle Gloriande fille de Messire Antoine de Vassiere Seigneur de Carlincas , duquel
mariage est issu le susnommé Henry de Lercare filieul
dudit Connestable de Montmorency , & de la Duchesse
d'Angoulesme sa fille , qui par cette solemnelle action,
voulut faire connoistre à toute la Prouince de Languedoc combien il auoit d'estime pour cette famille dont il
ne pouuoit trop reconnoistre le merite , non plus que les
seruices que la France auoit receus du Seigneur de Brignac Ioseph de Lercare , dont la fidelité & bonne conduite auoit tant de fois esté esprouuée en diuerses nego-
ciations où il fut employé ; comme en Piedmont vers le
Duc de Sauoye, où il fit plusieurs voyages ; en Espagne
vers les Vice-Roys & autres Princes voisins, desquelles
ambassades il s'aquitta tres-dignement , & à l'aduantage de l'Estat. Henry de Lercare Seigneur de Brignac,
heritier de ses vertus & inclinations continuë dans le
mesme zele & passion pour le seruice de cette Couronne ; le souuenir de son ancienne Patrie ne luy ayant permis que d'y faire deux voyages, le premier pour prendre
possession de certaines terres fixes, & les arrerages d'icelles qui luy estoient escheuës au Mont S. George dans la
Ville

Villé de Genes ; & ce fut au temps que le Sereniſſime
Seigneur Iean Baptiſte de Lercare eſtoit ſouuerain Duc
de la Republique, lequel receut noſtre nauueau François auec vn contentement tout particulier, & le fit receuoir Gentilhomme de la Sereniſſime Republique par
Decret du Senat du 15. Septembre 1643. Depuis le meſme magnifique Prince luy ayant eſcrit qu'il deſiroit le
reuoir encores auec ſon fils Monſieur de Lercare, paſſa
vne ſeconde fois la mer, & fut genereuſement receu &
regalé de pluſieurs beaux preſens dignes de la grandeur
de ſa condition, & voulut que ſon fils comme luy fut
pareillement reconnu Gentilhomme de la Republique,
en laquelle ſont encore pluſieurs illuſtres perſonnes du
meſme nom & famille ; comme le Seigneur Hieroſme
de Lercare & autres employez ez principales charges de
l'Eſtat, & d'vne bienueilláce auſſi pure pour les François
que ce magnifique Seigneur Iean Baptiſte iſſu de la brá-
che du fameux Megolo de Lercare, petit fils de Iean Baptiſte, qui fut Ambaſſadeur en France. & mary d'vne illuſtre Dame de la maiſon de Lomelin, autre famille bien
intentionnée pour ce Royaume. Le fils de Monſieur de
Lercare aujourd'huy viuant, nommé Iean, eſt iſſu de ſon
mariage auec Damoyſelle Henriette de Roquefueille
des Barons de la Roquette tres-illuſtre & noble maiſon
en Languedoc, qui donne des eſperances d'vn ſeruice
auſſi fidelle & affectionné que ſes Predeceſſeurs.

La maiſon de Lercare porte pour armes de gueule à
trois faces d'or, ou faſcé d'or & de gueules ; cimier vne
Aigle eſployée & couronnée à l'antique ; ſupports deux
Aigles de meſme.

CARRETO.

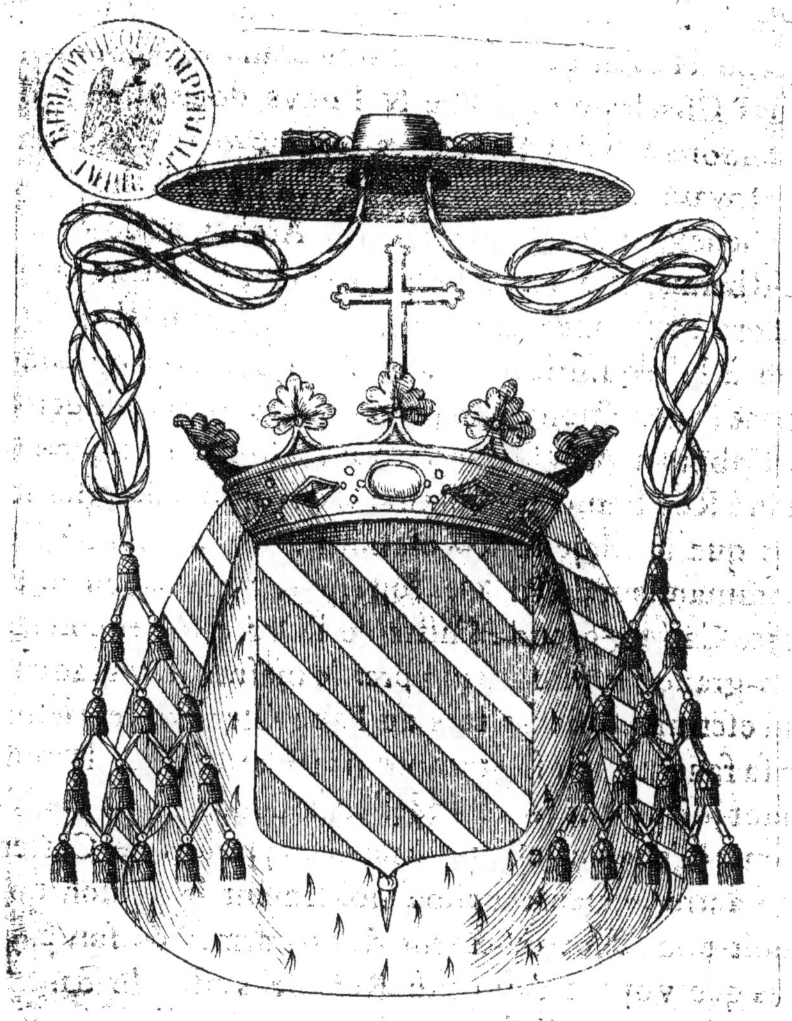

LES terres de Ligurie nous ont donné des Princes de cœur & d'inclinatiõ françoiſe auſſi bien que la Republique; Charles Dominique Cardinal de Carreto, iſſu des Princes & Marquis de Final, autrefois ſi puiſſans dans le Monferrat, ez terres de Sauonne & Genes, anciens alliez & amys de la Couronne de France, accompagna

pagna ces naturelles inclinations d'vn seruice si agreable, qu'il fut en particulier estimé dans la Cour de nos Roys Charles huictiesme & Louys douziesme , qui l'honnorerent des premieres Dignitez Ecclesiastques du Royaume. Il fut Euesque & Comte de Cahors, puis Archeuesque de Tours ; & enfin Archeuesque & Duc de Rheims, & premier Pair de France, Prelature qui fut encore couronnée du Chappeau de Cardinal qu'il receut à sa requisition du Roy l'an 1507. Le Roy continuant ses affections à ses plus proches donna l'Euesché de Cahors à Aloysio Carreto autre Prelat tres-cheri du grand Roy François, comme il paroit par diuerses lettres que sa Majesté luy escriuoit. Le renommé Paul Commandeur de Rhodes son frere, & le neueu de Fabrice Carreto grand Maistre de l'Ordre fut encores en tres-grande consideration prez le mesme Roy François, qui escriuit plusieurs fois au Pape Clement septiesme, en sa faueur pour sa promotion au Cardinalat, le nommant son parent & tres-fidelle à la Couronne de France, comme l'auoient esté ses Ancestres ; Louys de Carreto son autre Neueu exprima noblement la passion qu'il auoit pour l'accroissement de nos armes en son pays, lors que voyant l'autorité Royalle s'affoiblir dans la Ville de Genes, il se jetta dans cette place auec quelques vns de ses amis, & ayda à la conseruer dans la premiere obeyssance. C'est de la mesme maison souueraine qu'estoit l'illustre Constance de Carreto Princesse de Sulmone, & la Bienfactrice des Theatins de Naples ; à laquelle famille estoient pareillement alliez les Comtes de Vintemille , que les factions des Fregonses & Adora-

nes

nes firent sortir de l'Estat Genois, pour chercher vn refuge en l'Isle de Rhodes prez le grand Maistre leur parent : entre lesquels l'histoire remarque Alexandre que le grand Maistre Fabrice maria auec la Comtesse Seuasti, issuë des Empereurs Paleologues, de laquelle entre plusieurs enfans il eut Iaques, qui tres-ieune encore lors de la perte des Isles de Rhodes & de Lango, comme de ses peres & meres, fut mis dans vn des vaisseaux qui se retirerent auec le grand Maistre de l'Isle Adam, dans lequel cet innocent affligé resta iusques à l'âge de dix années, que le Cheualier de Vauzelle Gentilhomme du pays Lyonnois, le voyant destitué de tout secours, & se ressouuenant de l'amitié qu'il auoit eu pour son pere, l'amena en France, où il le fit esleuer selon sa condition, auec tant de progrez qu'il deuint vn des habiles & doctes hommes de son temps, possedant plusieurs Langues & sciences. Il estoit encore grand Mathematicien, Architecte, bon Peintre, excellent Poëte & Musicien : son nom le rendit moins connu à la Cour que son sçauoir, quoy que le Duc de Montmorency l'aduoüast pour son parent, auquel il appartenoit, à cause de Magdeleine de Sauoye. Ce fut par le commandement de François premier qu'il traduisit de Grec en François la Ciropedie ou institution du Roy Cyrus par Xenophon, comme l'histoire Grecque de Rodian, & la vie de Marc Aurelle. Son merite le fit aymer de plusieurs Princes & Seigneurs François : Charles Cardinal de Lorraine, François & Henry Ducs de Guise ne l'eurent pas à moindre estime que les doctes & sçauans Chanceliers, François Olliuier & Michel de l'Hospital ; son illustre

sang,

fang, & fes grandes alliances n'ayant point changé fa
mauuaife fortune, il eut pour principalle bienfactrice la
genereufe & belle Diane de Poictiers Ducheffe de Valentinois, qui fe reffouuenant du foin & de la conduite
qu'il auoit employée pour perfectionner fa belle maifon d'Anet, elle luy procura vne charge de Confeiller
au Parlement de Borgogne, dont il fut pourueu l'an 1549.
Il eut diuers emplois confiderables dans le Parlement,
& mourut veuf l'an 1582. ne laiffant qu'vne fille vnique
Ieanne de Vintemille, mariée à Melchior Seigneur de
Monteffus, Gouuerneur de la citadelle de Chalons.

La maifon de Carreto porte pour armes de gueule à
cinq cottiffes d'argent.

ORNANO.

LES Anges tutelaires de l'Empire François ne souf-
frent point qu'il s'esleue d'ennemis côtre cete Couronne, qu'ils n'opposent encore de plus grandes forces
à leur temerité. Les Monstres de la ligue, & des guerres
ciuiles, ces enfans de la reuolte & des sacrileges furent
estouffez par nos Hercules François, aussi bien que les
Gerions

Gerions & les Achelois; & les femences de la valeur ne
furent iamais plus fecondes en ce Royaume qu'au temps
que nous auons eu plus de combats à fouftenir. Ce fut
en cette fatale conjonéture, & durant les violentes cri-
fes de l'Eftat, que la Corfe nous fit prefent de ce Heros,
bien plus enfant de la France que ces Barbares dénatu-
rez, qui n'en auoient que le nom, & qui fous vn faux
pretexte de Religion couroient furieux à la ruine publique, & déchiroient fes propres entrailles. Alphonce
d'Ornano leur parut en ce fiecle de diuifion comme vn
parfait oppofé, pour mettre en euidence les excellentes
qualitez qu'il receut de la nature & de la grace, & meri-
ter vn iour place entre les Reftaurateurs de cette Monarchie.

Il nâquit l'an 1548. du mariage de Sanpetro & de
Dona Banina d'Ornano, tous deux iffus d'vne mefme
maifon, qui reconnoît pour fon Fondateur Hugo Colo-
na Romain, premier Comte de Corfegue, qui viuoit
enuiron l'an 824. comme le rapporte l'Hiftoire du Pays.
Le fameux Colonel Sanpetro, de qui la vie toute pleine
de prodiges & de valeur a efté décrite par plufieurs cele-
bres Autheurs, s'eftant trouué François prefque auffi-
toft que foldat, efleua fon fils dans les mefmes inclinations, & l'enuoya à la Cour d'Henry fecond, auant qu'il
eut encore huit ans. Ce Prince le donna au Roy Dauphin
fon fils, pour l'vn de fes enfans d'honneur, & Charles
neufiefme le receut depuis en la mefme condition; mais
le iugeant bien-toft apres digne des emplois de la guerre, il luy fit repaffer la Mer en fa quinziefme année, en
luy donnant commiffion d'exercer la charge de General
de

de la Caualerie legere en l'armée que commandoit son
Pere dans l'Isle de Corse, apres le decez duquel il en fut
luy-mesme General l'espace de deux ans, iusques à la
paix qu'il traitta auec la Republique de Genes, par le
commandement du Roy qui le fit reuenir en France,
l'illustre Theatre sur lequel se deuoient representer les
principales actions d'vne si belle vie; mais il faudroit
toute vne montagne pour la statuë de cet Alexandre;
l'histoire d'Alphonce demande vn iuste Volume: & ie
ne puis dans ce petit espace qu'en repeter le nombre de
ses victoires, sans circonstancier les glorieux momens
qui les precederent.

Alphonce estant de retour en France auec six à sept
cens soldats, le Roy luy donna la charge de Colonel general des Corses, auec le gouuernement de Valence;
l'honnora du Colier de son Ordre, & voulut qu'il em-
ployât ses premieres armes contre les Religionnaires du
Dauphiné. Les premiers coups d'essay de la valeur d'Alphonce donnerent de l'admiration aux plus parfaits Capitaines du Royaume. Le Mareschal d'Amuille, depuis
Connestable de Montmorancy le voulut en son Gouuernement du Languedoc, pour arrester les courses des
Religionnaires : & ce fut en ces occasions que le ieune
Colonel se signala, comme à la deffence des Villes de
Beaucaire, & de Marguerite, au siege & à l'assaut de Somieres, où il receut vne arquebusade au dehors de la
jambe droite, & au degast des enuirons de Nismes, qu'il
fit auec autant d'effusion de sang, que le vouloit l'ani-
mosité des parties. Le Roy Henry troisiesme venant à la
Couronne, l'enuoya son Ambassadeur vers la Republi-

que

que de Genes pour la leuée de quelques troupes de Corfe : ce qu'Ornano obtint de cette Seigneurie , & ramena mille Corfes en France pour joindre à fes vieilles bandes. A peine fut-il de retour, qu'il eut ordre d'aller à la conduite du fecours que le Comte de Carces enuoyoit en Dauphiné contre le Seigneur de Monbrun : ce fut en cette occafion que le Colonel commandant noftre arriere-garde fut chargé par l'ennemy prez la Ville de Die, & fes gens furpris & prefque renuerfez ; ce qui l'obligea de mettre pied à terre , & la pique à la main pour r'animer le combat, qu'il fit renouueller à diuerfes reprifes auec vn fi grand feu fur la Caualerie de Monbrun, qui n'auoit point de gens de pied que les fiens efclaircis, il changea de penfée, & fe mit fur la retraitte; mais Alphonce remontant à cheual, le fuiuit & preffa fans relafche, tandis que noftre Caualerie venant de l'auant-garde tomba fur les bras des ennemis qui furent défaits, & Monbrun prifonnier : cette action fut fuiuie d'vne autre en Languedoc, où par deux fois noftre Heros donna fecours à la Ville de Somieres affiegée, où il fut griefuement bleffé d'vne arquebufade dans les reins : de là, n'eftant pas encore parfaitement guery, il eut commandement d'aller en Prouence, où il remit en l'obeyffance du Roy Montgilin, Monfort , & autres diuerfes places. Apres les trauaux d'vne longue fuite de guerre, l'Eftat ne commençoit encores qu'à goufter la douceur d'vne nouuelle paix, quand la mort du Duc d'Alançon faifant reprendre les armes aux Ligueux, ces ennemys du repos public, entreprirent fur la Ville du Pont S. Efprit, dont Alphonce eftoit Gouuerneur depuis

quelque

quelque temps, & pour en rendre la prife plus facile, ils
affiegerent la Ville de Remoulin fituée fur le paffage du
Gard. A cet aduis noftre Gouuerneur s'y rendit auec
quelques troupes, fortifia la place autant qu'il fe pouuoit à caufe de l'incommodité du terrain, & y laiffa pour
Commandant le Seigneur Domergue d'Ornano fon
parent; cependant la Ville fut inueftie par 1600. hommes
l'efpace de vingt iours, apres lefquels Monfieur de Chaftillon parut luy-mefme à la tefte de cinq mille hommes,
pour le renfort des affiegeans. Alphonce toutesfois qui
ne connoiffoit point de peril ayant appris l'incommodité & le danger des affiegez, fut attaquer cette petite armée, fe fit paffage à trauers, donna fecours à la place, ne
commandant que 1400. hommes, & contraignit enfin
Mr. de Chaftillon de décamper. Cette action fi belle fut
fuiuie d'vn autre prodige de valeur, qui paroiftroit fabu-
leux fi i'en taifois les particularitez. Mr. de Chaftillon
au partir de Remoulin voulant vnir fes forces à celles de
Mr. de Lefdiguieres, pour joindre vn corps de 4000.
Suiffes, 500. Fantaffins, & vne compagnie de Caualerie
que l'on auoit leuée pour leur party, & qui entroient en
France par le Dauphiné. Ces nouuelles en furent pertées
à Mr. de la Valette, pour lors General de l'armée du Roy
en Prouence; lequel deliberant des moyens pour em-
pefcher aux deux Chefs Huguenots le paffage des riuieres, & leur jonction à ce nouueau fecours, propofa au
Colonel d'Ornano, ou d'aller au deuant des Suiffes, ou
de deffendre le paffage des riuieres. Le Colonel qui creut
que le General ne deuoit point s'efloigner du corps de
l'armée, le remercia de l'honneur qu'il luy vouloit faire,

&

& prit la charge d'aller à la rencontre des Suisses, au deuant desquels il marcha, estant seulement accompagné
de sept-vingts Caualiers & de 340. Fantassins. Si tost
qu'il les vit paroistre prés le bourg du Riage, il s'aduança
seul pour considerer la situation du passage, où il ramar-
qua des montagnes difficiles à leur marche, & vn chemin estroit qui les obligeoit à défiler : ayant ainsi tout
obserué, il partagea sa Caualerie en deux, & en fit aduancer vne partie, & laissa l'autre à Domergue son Lieutenant, faisant faire le semblable à Cassiaguerre qui
commandoit son Infanterie, qu'il placea dans vn bois
proche pour y escarmoucher les Suisses qui s'en voudroient seruir. Il choisit la pointe d'vne eminence où il
posta l'autre partie de ses gens de pied, à cause d'vne
tournée qui en estoit proche, dont la descente estroite &
difficile feroit défiler les Suisses pour s'aller rendre à vn
autre coteau, où il y auoit beaucoup de bois, tandis qu'-
auec partie de sa Caualerie il s'arresta dans vn valon. Il
n'estoit pas encore ainsi posté, que quelques troupes des
ennemys ayans desia passé iusques au bois feurent incontinent chargées par Domergue, tandis que ceux qui
marchoient dans la tournée se hastans pour les assister
furent ou blessez ou tuez par les Arquebuziers de Cassiaguerre. Les Cheuaux Legers ayans mis pied à terre à
cause de la descente difficile, furent pareillement défaits par Alphonce qui prit prisonnier le Baron d'Aubo-
ne leur Capitaine : cependant les Suisses, qui malgré cet
effort vouloient mourir ou secourir leurs compagnons,
se precipitoient au danger du feu qui se faisoit de l'eminence, & se trouuoient chargez, ou du tout, ou d'vne

partie

partie de noftre Caualerie. Quelques-vns de ceux qui eftoient demeurez des derniers n'ofans fe hazarder à vn fi grand peril, fe fauuerent le mieux qu'ils peurent : lors noftre Colonel & fa Caualerie & gens de pied leur donna en queuë, & fit dire à Domergue que quand il entendroit fonner la charge à fes trompettes, que fes gens de cheual miffent tous pied à terre, & fe joignans aux Fantaffins ils donnaffent à mefme temps ; & fur tout que l'Infanterie ne tiraft qu'à brufle pourpoint : puis jettans l'arquebuze apres la premiere décharge, ils miffent l'efpée à la main & au poignard pour venir aux prifes, & que de fon cofté il en feroit le femblable. Les Suiffes qui s'eftoient engagez dans le bois en vn lieu trop petit, pour enuirõ deux mille hommes qu'ils eftoient encore, ne pouuans ny fe mettre en bataille, ny fe feruir de leur pique, fe trouuans fans Chef ny guide, rendirent peu de combat, & mettant bas les armes prirent la loy du victorieux Alphonce, qui donna la vie à enuiron huit cens qui refterent : le nombre des morts fut de 2300. noftre Colonel n'ayant perdu des fiens que fix Caualiers, & dix huict Fantaffins, mais quafi tous bleffez, & beaucoup de cheuaux tuez. Ce memorable combat commancea vers les dix heures du matin le dixiefme Aouft 1587. & finit entre vne & deux apres Midy : les douze drapeaux ennemys furent portez à Grenoble, où le Colonel d'Ornano fut coucher, & le lendemain il les remit ez mains du General d'armée Monfieur de la Valette, qui fit chanter le *Te Deum* en l'Eglife Cathedrale de ladite Ville. Quelques mois apres le Comte Laurens de Maugyron venant à deceder, le Roy pourueut Alphonce

ce de sa Lieutenance generale en Dauphiné pour deffendre cette Prouince contre les forces des Ligueux & des
Religionnaires ; & ce fut en cette qualité que ce nouueau Lieutenant de Roy sauua la Ville & tour de Cret
des mains de la ligue, mais il ne pût se deffendre d'vne
embuscade que ces mesmes Ligueux luy dresserent prez
du Chasteau Pipet lez Vienne, où il fut surpris, & fait
prisonnier de guerre : cet accident ne l'estonna point, &
40000. escus de rençon luy firent recouurer sa liberté,
qu'il preferoit à tout autre bien, pour l'employer au seruice de la Couronne. Henry le Grand estant depuis peu
monté sur le Throsne, le Colonel Alphonce fut des premiers qui le reconnurent pour leur legitime Monarque,
& sans vouloir entendre aux offres du Duc de Mayen-
ne, qui entre plusieurs grands aduantages luy promettoit vn baston de Mareschal de France ; il alla joindre
les troupes du Roy aupres de Paris, où sa Majesté le voyant encores sans espée depuis sa prison, luy fit present
de la sienne, auec laquelle il ayda à deffaire vne compagnie de Napolitains qui suiuoient l'arriere-garde du
Duc de Parme. Apres le decez de Mr. de la Valette le
Roy donna sa place de General d'armée en Prouence à
nostre Colonel, qui prenant cette route emporta d'assaut
la Ville de Giuor pres de Lyon, & descendant plus bas
prit Graueson, & autres petites places en Prouence.
Apres tant d'actions de valeur nostre Heros en fit vne
de grand Politique, non moins vtile à l'Estat que ses victoires precedentes : par ses soins & ses entremises il re-
duisit la Ville de Lyon à l'obeyssance du Roy, sans aucune effusion de sang le septiesme Feurier 1594. à l'exemple

de

de laquelle, Orleans, Abbeuille, Roüen, Rheims, & autres puiſſantes Villes fermerent leurs portes à la ligue pour ne plus reconnoiſtre que leur Roy legitime. Sa Majeſté reconnoiſſant cet important ſeruice fit Mr. d'Ornano ſon General d'armée en Lyonnois, Foreſt, Beaujelois, & de Dombe ; & ce fut auec ſes forces qu'il alla au ſecours de Mr. de Tauanes en Bourgogne , contre l'armée Eſpagnolle, commandée par Iean de Velaſque, Conneſtable de Caſtille , autre renommé Capitaine de ſon temps, & qui tiroit ſon origine maternelle de la maiſon de Souliers en Lymoſin. Noſtre General d'armée eſtant de retour en Lyõnois fit diuerſes entrepriſes ſur la Ville de Vienne, dont il affoiblit la garniſon, ſeparant les Suiſſes du ſeruice du Duc de Nemours qu'il pourſuiuit à ſa ſortie , & luy défit deux compagnies de Caualerie, dont il rapporta les cornettes à Mr. le Conneſtable. Il chaſſa pluſieurs fois le Marquis de Trefort de Dauphiné, prit la ville & chaſteau de Montluel en Breſſe , força Mirabel, prit Toſſé, défit les Croquans, & moyenna encores la reduction de la ville de Vienne à l'obeyſſance du Roy, qui venant à Lyon l'honnora du baſton de Mareſchal de France , & peu apres du Colier de l'Ordre du S. Eſprit, lors de l'aſſemblée des Notables que ſa Majeſté conuoqua à Roüen l'an 1597. Apres le decez du Mareſchal de Matignon ſa Majeſté pourueut encores ce nouueau Mareſchal de ſa Lieutenance en Guyene, auec le Chaſteau Trompette, & le don de 12000. eſcus de penſion ; mais cette mer de generoſité ne receuoit que pour rendre, & ne retenoit que la ſatisfaction de diſpenſer à pluſieurs cette abondance de gratifications

que

que l'on faifoit à fon merite. Bourdeaux en eſt vn témoin; ce fut à la porte de S. Iulien que le Marefchal fit
baſtir deux Hofpitaux lors de la grande peſte qui affli-
gea cette Ville, de laquelle noſtre Gouuerneur ne ſortit
iamais, quelque peril où fuſt ſa perſonne, l'employant
auec tous ſes biens pour l'aſſiſtance des malades qu'il vi-
ſitoit tous les iours en perſonne, & leur fourniſſoit des
viures & de tous les remedes neceſſaires à leur ſoulage-
ment; aymant ſi tendrement le repos & la ſatisfaction
des Bourdelois, que le Roy apres luy auoir fait don de
quelque eſtabliſſement de Magaſin en cette Ville va-
lant plus de 15000. eſcus, il en fit vn preſent aux habitans, de meſme qu'il auoit traité les Rochelois en pareille occaſion. La Ville du S. Eſprit reſſentit ce meſme
charitable ſecours au temps de la contagion, qui depeu-
pla preſque toute cette Ville, l'on vit le Marefchal viſi-
ter tous les iours les huttes des malades qui eſtoient po-
ſées au bout du Pont, & remporter luy-meſme des Enfans à la mammelle que la mort auoit eſpargnez, prenant place de leurs parens pour auoir le ſoin de leur vie
& de leur fortune : iamais valeur ne fut accompagnée
de tant de pieté & de charité tout enſemble, il employoit
tous les ans la moitié de tous ſes apointemens pour les
pauures, car de reuenus il n'en auoit point. Et apres qua-
rante-cinq ans de ſeruices rendus à l'Eſtat, où il auoit
commandé en ſix grandes Prouinces, ou comme General d'armée, ou comme Lieutenant de Roy, & apres
auoir conſommé ſon Patrimoine de Corſe, il n'auoit pas
acquis vn poulce de terre; & ne retint autre bien que la
ſatisfaction de n'auoir point profité de la ſueur & du
trauail

trauail du pauure peuple. L'on a remarqué dans sa vie qu'il ne blasphema iamais le Nom de Dieu, & ne manqua pas vn iour depuis l'aage de discretion de reciter l'Office de la Sainte Vierge, à laquelle il estoit tres-particulierement deuot. Enfin ce grand Heros n'ayant plus rien à demander, ny à la fortune ny à la gloire passa en la vie des Bienheureux, & rendit encores les ombres de sa mort lumineuses. Henry le Grand le pleura, comme toute la Cour, & cette perte fut sensible à tout l'Estat, qui depuis long-temps n'auoit eu vn si genereux deffenseur de sa gloire & de son repos. Ce fut à l'aage de soixante deux ans que le Mareschal d'Ornano deceda, le vingt-vnieme de Ianuier mil six cents dix à Paris, où il s'estoit fait tailler de la pierre, se promettant de rendre encores quelques importans seruices au Roy dans le grand voyage que sa Majesté meditoit pour Cleues & Iuliers. On luy tira vne pierre pesant plus de sept onces, mais l'operation n'estant pas bien faite la gangrene l'emporta dans peu de iours ; son cœur fut deposé dans l'Eglise des filles de l'*Aue Maria*, où tous les ans il donnoit douze cens escus pour le mariage de douze pauures filles : son corps fut porté à Bourdeaux, où il receut les honneurs funebres à l'Eglise de S. André, & de là en celle de la Mercy par luy fondée, où le Mareschal son fils luy fit dresser vn tombeau de marbre blanc & noir, enrichi de bronze, auec ces paroles,

Adsta, & Lemma hoc perlege inuict heroïs. Alphonsus Ornanus est gentilitio illustris stemate, quem radiante Martis sidere, nascentem læta vidit Corsica, adultum iam bello fulminantem excepit Gallia, mox victorijs inclarescentem miratus
tus

tus est Orbis, Remunilorum Vrbis Liberatorem, Heluetiorum Domatorem, Lugdunensis defectionis Aueruncum & Consiliatorem; ex hinc Equitum Tribunatu decoratus, & Prouinciæ Aquinatæ Pro-Rex, in Deum pius, in Deiparam mirè deuotus, in Regem semper fidus, in omnes constanter Æquus, Discipilinæ Castrensis Retinentißimus, Iustitiæ Forensis Reuerendißimus, summis, medijs, infimis Ordinibus, insolabile sui desiderium reliquit.

Obijt decimo Kalendas Februarij, Anno sal. CIƆIXX. Joannes Baptista Ornanus Regiorum Ordinum Eques, Corsicanorum Peditum Magister, Nustriæ Prouinciæ Vice-Regiâ Moderator, & Gastonis Ludouici Regis Decimi tertij Fratris vnici Præfectus morum & Custos adolescentiæ, hoc pijs Alphonci Ornani Meritißimi Parentis manibus monumentum amoris & obseruantiæ æternum pignus. DO. SS. Tu qui sculptos magni vultus cernis vti gloriam suspice tanti Nominis, & compositos manes voce bona deuenerare.

Le Mareschal d'Ornano eut de son Mariage auec Dame Marguerite de Ponteuez de Flassan les Enfans suiuans; Iean Baptiste Mareschal de France, Cheualier des Ordres, Lieutenant de Roy en Normandie, & Gouuerneur de la personne de Monseigneur le Duc d'Orleans, digne heritier des vertus de son Pere, & qui marchoit à grand pas dans la carriere des Heros, lors que les vents d'vne fortune aduerse le renuerserent au milieu d'vne si belle course; il mourut le 2. de Septembre, 1626. sans laisser d'Enfans de son Mariage auec Madame Marie Comtesse de Montlor, Marquise de Maubec, &c. Fille de Messire Louys Marquis de Maubec, Comte dudit Montlor, & de Dame Marie de Maugiron,

giron , petite fille du Comte Guy de Maugiron , Lieutenant de Roy en Dauphiné, & de Dame Ofane l'Hermite,
Fille de Triftan , Grand Preuoft de France.

Henry François d'Ornano, fecond Fils du Marefchal
Alphonce , depuis le decez de fon Frere Colonel des
Corfes , Seigneur de Mazargues , Gouuerneur du Cha-
fteau de Tarafcon , & de Pogerol , de qui la vertu ne fut
pas moins trauerfée , mais qui plus heureux en pofterité , eut de fa femme (Madame Marguerite de
Montlor , Dame de Sarpefe en Dauphiné , & autres
Places , Sœur puifnée de Madame la Marefchale) trois
Filles ; l'aifnée Femme de Meffire Louys Gaucher
Adheymar de Monteil . Comte de Grignan , autant
connu par l'excellence de fon efprit & la grandeur
de fon courage , que par fon extraction , qu'il tire des
anciens Ducs de Genes , Vicomtes de Marfeille , Princes d'Orenge , & Souuerains de Monteil , les bou-
cliers de la Foy, les exterminateurs du Paganifme, & les
premiers Lieutenans du victorieux Charlemagne. Ce
Seigneur, tout plein d'efprit & de valeur , apres auoir
long-temps ferui le Roy dans fes armées Capitaine de
Caualerie, & Maiftre de Camp d'vn Regiment de fon
Nom , fe voit genereufement fecondé en la perfonne de
Meffieurs fes Enfans, l'aifné defquels, nommé François,
eft Maiftre de Camp du Regiment de Champagne, &
Gouuerneur pour le Roy des Ifles de Porquerolles , Seigneur tres-accomply , & qui par les aduantages qu'il
remporte fur nos ennemis , vange auec les querelles de
l'Eftat la perte de fes Illuftres Oncles,Roftaing Baron de
Vaucian , tué au fiege de Montauban , & Philippe , Baron

ron d'Entrechafteaux, à celuy de Mardic, aqres quinze
campagnes de feruices, ayant efté Lieutenant Colonel
au Regiment de la Marine, & Capitaine aux Gardes;
Charles, Cheualier de Malte, & quatre autres Fils font
efleuez aux mefmes exercices que l'aage ne permet pas
encores de pratiquer. Monfieur le Comte a plufieurs
Filles que la pieté a fait embraffer le Cloiftre, les autres
font Mefdamoifelles Marie, Marguerite, & Therefe; &
ce fecond Rameau fe trouue encores honnoré de deux
autres fleurons qui donnent de la fplendeur à toute l'E-
glife, Meffeigneurs les Archeuefque d'Arles, Primat &
Prince, & Euefque de S. Paul, Freres de Monfeigneur le
Comte, & de fes autres Heroïnes, Madame la Marquife
de la Garde, & Mefdames de la Baftie, de Buoüs, & de
Villeneufue.

La deuxiefme Fille de Monfieur le Colonel eft Abbeffe, & la troifiefme, appellée Anne, a efpoufé Monfeigneur François de Lorraine, Comte de Rieux, troifiefme Fils du Duc d'Elbœuf, Prince dont la valeur &
generofité n'ont rien d'inferieur à la grandeur de fon
Sang.

Iofeph d'Ornano, autre Fils du Marefchal Alphoncé,
eft aujourd'huy Maiftre de la garderobe de Monfeigneur le Duc d'Orleans, & a pour Fils Gafton Iean
Baptifte, receu en la furuiuance de fa Charge. Et depuis
quelques années le Saint Siege a perdu vn fidele & tres-
conftant feruiteur de cette Maifon, autre Colonel d'Ornano, lequel mourut en fa feptante-huictiefme année,
apres auoir commandé plus de cinquante ans les troupes Corfes pour le feruice du Pape.

La

La Maison d'Ornano porte pour Armes escartelé au
premier & quatriesme de gueule à vne Tour d'or, som-
mée d'vn donjon de mesme aux deux & trois d'or au
Lyon de gueule; au chef d'azur chargé d'vne fleur de
Lys d'or; cimier vne Aïgle d'or; support deux Aigles de
mesme.

FORESTA.

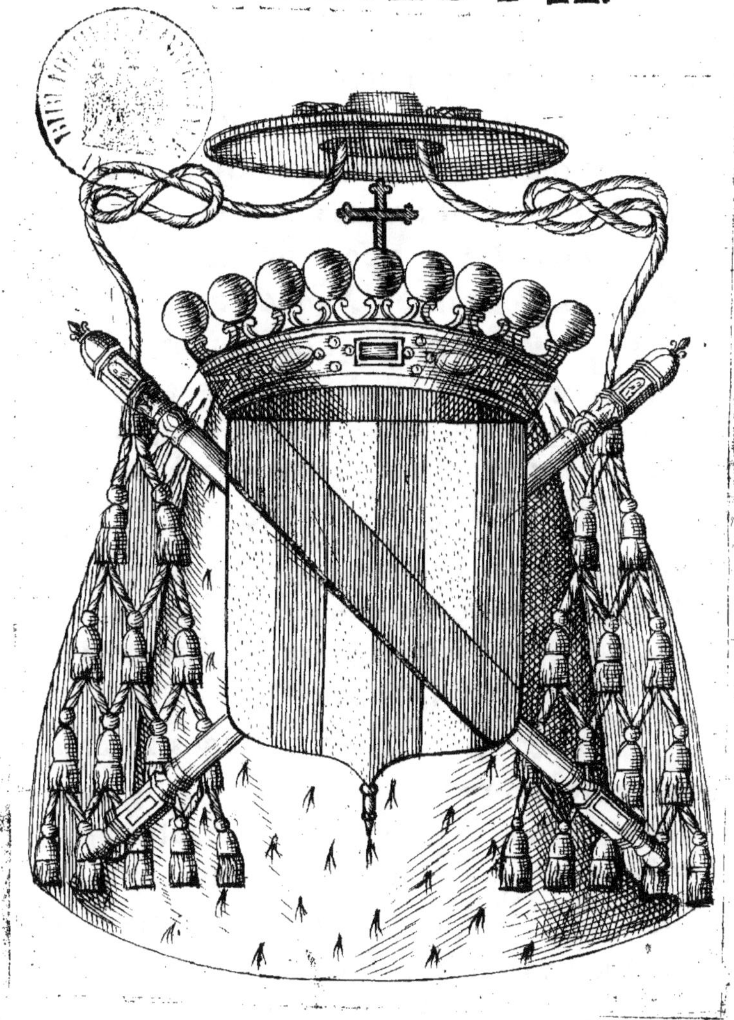

L'ALLEMAGNE a donné la premiere origine à la Maison de Foresta, qui depuis a fait branche en Sicile & en Ligurie, & puis en France : & les Empereurs & les Roys se sont employez à l'accroissement de cette tige. L'an 1330. l'Empereur Louys quatriesme Duc de Bauiere estant en la Ville de Trente donna de grands
Priuileges

Priuileges à ceux de cette Maiſon, en la perſonne de
Maphée de Foreſta, qu'il crea luy & ſes ſucceſſeurs
Comtes Palatins ; & preſque au meſme temps nos Roys
de France eſleuoient le merite de Pierre du meſme Nom
de Foreſta, que nos Hiſtoriens ont touſiours appellé de
la Foreſt. Ce docte & deuot perſonnage apres auoir eſté
long-temps Religieux de S. Denis en France, fut Eueſ-
que de Paris, puis Archeueſque de Roüen : & enfin par
ſon eſprit auſſi brillant que ſa vertu, il fut appellé au ma-
niement des affaires de l'Eſtat, dont il fut quelque temps
Miniſtre Principal, & Chancelier de France, charges
qu'il exercea auec tant de conduite & de iuſtice, que le
Roy Philippe le Long l'appelloit le Neſtor de ſon Royaume. Le Pape Innocent troiſiefme le crea Cardinal
l'an 1351. & le iugeant digne d'eſtre Arbitre des Couronnes, ſa Sainteté agrea que le Roy l'enuoyât ſon Ambaſſadeur en Cour de Rome pour decider des differens arri-
uez entre les Royaumes de France & d'Angleterre, &
faire ceſſer la guerre qui s'eſtoit eſchauffée dans ces
deux Eſtats. Ce digne Prince de l'Egliſe s'eſtant ache-
miné pour ce ſujet iuſques à la Ville d'Auignon, accompagné du Duc de Bourbon, il y fut ſurpris d'vne maladie contagieuſe, dont il deceda l'an 1361. apres auoir ſer-
ui ſous quatre de nos Roys, auec beaucoup d'integrité
& d'affection. Entre les autres Gentilhommes de cette
Maiſon qui ſe ſont rendus François, l'Hiſtoire de Prouence parle de Simon de Foreſte, entre les principaux du
Conſeil de Charles premier, & Robert Roys de Naples;
& dans ces derniers ſiecles le Roy François premier
choiſit vn Gentilhomme de ce Nom pour ſon Ambaſſa-

deur

deur à la porte du grand Seigneur, lequel mourut de maladie sur le chemin estant à Ollone : dans le mesme temps viuoit Christophle du mesme Nom, Baron de Trets, premier Medecin de Monseigneur le Dauphin, & le Pere du premier President de Prouence, qui a laissé pour fils Messire Iean Auguste de Foreste, Marquis de la Roquette, second President au mesme Parlement ; de laquelle Maison est aussi sorti le tres-genereux Iean Paul de Foreste, Seigneur de Chastelar, Conseiller du Roy, & Iuge perpetuel du Palais & Siege de Marseille, tous bons François, & dignes rejettons de cette Illustre & ancienne souche qui florit encore en Italie, & de laquelle estoit le Bien-heureux Iean de Foreste, Confesseur de la Reyne d'Angleterre, martyrisé sous le Regne de Henry huictiesme, l'an 1538. duquel sang estoit aussi Antoine, & Hugues de Foreste, Genois, tous deux Gouuerneurs de Nice, & le dernier Conseiller & Chambellan de Charles cinq, Duc de Saucye.

La Maison de Foreste porte pour armes palé d'or & de gueules à la bande de la couleur, brouchant sur le tout ; cimier vne Aigle Romaine couronnée ; suports deux Aigles de mesme. Les armes cy-dessus sont ornées d'vn manteau & Masses de Chancelier de France, à cause de la dignité de Pierre Cardinal de ce nom.

ADORNE.

IL est bien malaisé de se tenir ferme dans vn pas si glissant, que celuy qui conduit à la Souueraineté. On a veu toutesfois des Seigneurs de cette famille, en qui l'amour de la France à esté plus forte que l'ambition de la Couronne, qu'il ont volontairement depolée, pour ne commander la Republique de Genes

Genes qu'en qualité de Lieutenants & Gouuerneurs
pour les Roys de France. Antonio Adorne rendit cette genereuse preuue de son inclination au Roy Charles VI. l'an 1396. Vn autre Antonio du mesme sang
ne fut pas moins passionné pour nos aduantages, ce
fut luy qui vnit ses forces à nostre armée, & rendit vne seconde fois l'Estat de Genes soubmis à nos
Fleurs de Lys, & lors de sa reuolte, sous le Duc Octa-
uian Fregoze, la mesme famille des Adorne, l'obligea de retourner au pouuoir du Roy Louys XII.
soubs le regne duquel se signala, le vaillant Bernardin Adorne, dans les plus chaudes meslées de nos
guerres de Naples, & particulierement au combat &
passage de Sui, ou il soutint long-temps l'arriere garde de la bataille ennemie, en fauorisant la retraite des
François : mais enfin aprés vn sanglant & opiniatro
combat, il fut renuersé, porté par terre & couuert
d'vn grand nombre de blessures, qui precederent sa
mort, de laquelle l'ennemy tira tant d'auantage, qu'il
ttiompha de nos precedentes conquestes. Cette se-
crette amitié, que les Seigneurs Adorne ont portée à
nostre Nation, s'est encore exprimée en ce dernier siecle, en la personne de Messire Icacques Adorne, comme le témoigne le Cardinal Dossat en l'vne de ses lettres, du premier Auril 1602. *Monsieur Adorne*, dit-il,
escriuent au Marquis de Villeroy, *Prelat Genois qui
fut en France à la Cour, auec Monsieur le Cardinal de
Florence, retient tousiours sa bonne affection & seruitude
enuers le Roy, & à desirè que ie le temoignasse à sa Majesté & à vous.* Cette illustre famille si renommée par

tant

tant de Princes qu'elle à donnés à la Republique, florit encore en pleuſieurs Seigneurs de meſme vertu &
grandeur de courage que leurs genereux predeceſſeurs. Et portent pour arme, d'or à la bande eſchi-
quetée d'argent & de ſable de trois traits, cimier, &c.
ſupports, &c.

GASPARI

& se faict des armes de ses propres chesnes.

La corse, ou plus tost l'Europe entiere, n'a peu borner les genereux sentiments de quelques Gentils-hommes de cette famille, qui faisants diuorce auec l'oisiueté qui regnoit dans leur Isle, sont alés en asie & affrique, maintenir les lieux sacrés, chasser les Tyrans, replacer les legitimes Princes, se rendre le mediateurs de la Paix, les instruments de la guerre, l'admiration des peuples, & les delices des Monarques.

La maison de Gaspari originaire du lieu de Morsillia en Corse, semble despuis long temps auoir serui cette Couronne, la fleur de Lys de France qu'elle porte dans le coeur de ses armes, le pont qui garde encore le nom de Gaspari dans le terroir de S. Maximin, & la forte inclination qu'expriment auiour-d'huy ceus de ce sang pour le seruice du Roy, tiennent lieu des actes & instruments que les siecles pouroint auoir derobés à cette famille. Il est tres vray que la palestine, l'empire de maroc, l'Espagne, & le Portugal, ne sessent point encore de repeter les importants seruices qu'ils ont receus d'André, François, & Filippe Gaspari, qui se sont rendus fameux, non seulement ches les Princes Chrestiens, mais encore parmi les nations infidelles. Ces Gentilf-hommes estoint fils de Gaspar de Gaspari, & de Catherine de Marian : comme il est iustifié par sentence des Iuges de valance en Espagne du 21 Mars 1509. par laquelle ils sont declares auec leurs autres freres de famille noble, & digne de iouïr de tous les Priuileges accor-

dés aux plus anciens Gentils-hommes d'Espagne.
Filippem Archidiacre de Mariana, en son Histoire de
Corse, faict ces trois freres riches de plus de quatre-
vingt mille escus ; mais il vante encore dauantage
leur merite, qui les rendit capables au maniment des
plus importantes afaires de la Chrestienté. l'Autheur
susdit raporte que le Commissaire de Hierusalem les
crea Cheualiers Militaires du sainct Sepulcre, & que
François Gaspari fut deplus esleu Commissaire general, és Royaumes d'Espagne, & de Portugal, & dans
les Indes ; auec pouuoir d'y députer diuerses personnes, qui receuroient les assistances, & charités libe-
rales des Chrestiens ; pour l'entretien de la maison
de Hierusalem , & autres habitations Pieuses de la
terre saincte. André Gaspari son frere, l'vn des grands
politiques qui soit antré dans Conseil secret du Roy
Filippe 2. fut en ce temps apelé au seruice de la Majesté Catholique : qui l'enuoia en Alger pour diuerses negotiations d'importance. La son merite le mit
en telle estime prés les Officiers du grand Seigneur ; que par son entremise plusieurs Chrestiens
de consideration recouurerent la liberté, entre lesquels vn nepueu du Pape Pie V. qu'il rachepta
de ses propres deniers ; & le fit reconduire à
Rome. Sa Saincteté en recognoiscence de ce seruice le conuia par diuerses lettres d'en aler receuoir
la recompence de ses propres mains : mais le Comte
de Beneuente, vice-Roy de Valence, dissuada Gaspari de faire ce voyage ; pour n'abandonner pas les
afaires du Roy Catholique. ce fut luy qui dans le

commencement de la rebellion des Morisques de Grenade; empefcha cet important fecours des deux cens Galeres, qui deuoient partir pour cet effect foubs le commendemét d'Aluchali vice-Roy d'Alger. Mais que ne fit il pas pour replacer muley Meluco dans fes eftats de Maroc & Fes? la bienueillance que ce Prince luy tefmoigna le rendit fi fenfible á fes difgraces, qu'il trouua les moyens de les terminer: par laveu du Roy d'Efpagne il lentretint en fi bonne intelligence auec le fufdit Vice-Roy; quen fin il obligea le Turc d'employer fes armes au recouurement de fon empire; & de leconduire à la tefte de trente mil hommes, qui le replacerent dans fon trofne. Cette obligation toucha tendrement le *Roy* Barbare, qui ne poffeda pas pluftoft fes Royaumes; qu'il defira reuoir le Miniftre principal de fon bonheur: il en efcriuit au *Roy* Catholique, qui fit partir André Gafpari auec deux nauires, & le chargea d'vn prefent de la valeur de quinze mille efcus; pour ce nouuel Empereur de Maroc, Roy de fes, qui changeant auec fa mauuaife fortune le nom de Muley meluco, prit celuy de muley Abdelmeleck. Lordre eftoit donné par tous fes eftats de receuoir Gafpari en qualité d'Ambaffadeur de Couronne Royalle; de forte que defbarquant au port de la Raccia, il fut accompagné d'vn gros de caualerie jufques Amaroc qui en eft eflogné de quinze iournées: la le prince Abdelmeleck ne pouuant affes luy exprimer de gratitude, luy promit de le rendre vn des plus riches Seigneurs de l'Europe: il commanca fes gratifications par quel-

que

ques droits qu'il luy donna ſur le ſucre; & autres
marchandiſes de ſes Royaumes;qui montoient à qua-
rante mille eſcus: outre dixhuict cent annuels, qu'il
luy aſigna ſur la treſorerie de Maroc; & la permiſſion
d'acheter ſeul les cuirs de vache, & faire la tainture
de la cochenille qui luy rendoient plus de 15000. eſcus de rente: ſans les dimes, & droits de toutes les
marchandiſes qui ſortoint des dits Royaumes. mais
tous ces biens deſpendoient de la proſperité des eſtats, qui furent bien toſt troubles par vne nouuelle
guerre que le Roy Noir declara à ſon oncle Abdelmeleck. Gaſpari ne fit que ſix mois de ſe iour en cette cour, pendent les quels il eſcarta par ſes bons Conſeils pluſieurs malheurs qui menacoient la Chreſtienté. Calen ſaffar fut en ce temps enuoié Ambaſſadeur du Turc pres de ce Monarque, pour laduertir
du deſſin qu'il auoit de reprendre Oran; & de la puiſ-
ſante armée qu'il preparoit pour cette entrepriſe, ſil
eſtoit aſſuré de ſon ſecours : mais par les Conſeils &
l'adreſſe de Gaſpari, l'Ambaſſadeur ne receut que de
bonnes paroles, ſes proiects furent eludes, & tous
ſes preparatifs rendus inutiles. ce fut encore noſtre
politique chreſtien qui par diuerſes letres s'efforça
de faire cognoiſtre au Roy dom Sebaſtien de Portugal;quelles eſtoiēt les vaines promeſſes du Roy Noir;
& combien il y eſtoit dangereux de faire aliance
auec ce Barbare. enfin voiant que dom Sebaſtien
perſiſtoit dans ſa reſolution, & qu'il faiſoit paſſer ſon
armée en Affrique pour ſe ioindre au Roy Noir; &
donner bataille au marocois, ſaconſience ne luy per-

mettant pas de porter les armes contre les Chrestiens,
pour les Infidelles ; il obtint permission d'Abdelma-
lec, de se retirer en Espagne. Cependant le Roy de
Maroc se mit en campagne auec de puissantes forces,
& fut audeuant de ses ennemis prés de la Raccia, ou
la bataille fut donnée entre ce Port, & le Cassero. Il
demeura victorieux : mais il eut le destin des vincus,
& sa mort accompagna celle de Dom Sebastien, &
du *Roy Noir* : ce fut Muleyameck qui gousta les
fruict de la victoire de son frere, & qui luy succeda
en ses Estats. Anthonio Herara en la seconde partie
de son Histoire du monde, dit que les nouuelles de
cette defaicte estant portées en Espagne, vespasien
gonzagues colonnes, Vice-Roy de Valance, eut ordre de sa Majesté Catholique, d'enuoyer le sieur Gaspari Ambassadeur à Maroc, pour faire aliance auec
ce nouueau Roy, & que nostre sage ministre repas-
sant en Affrique ; ne rendit pas seulement ces deux
Monarques confederes ; mais empescha encore le
traicté du *Roy* de Maroc auec l'Ambassadeur Turc,
& changea la resolution de ce Prince, qui vouloit
enuoyer 600 Gentils-hommes Portugais au grand
Seigneur, & beaucoup d'autres presens du debris de
la bataille. Ce fut le mesme Gaspari qui rachepta ces
prisonniers, auec Francesco de Cuniga Ambassadeur
d'Espagne, arresté au mesme combat, & qui per-
suada Muleyameck de renuoyer le Duc de Bragance
sans rançon, auec le corps de Dom Sebastien de Portugal, qui luy fut remis entre les mains pour le rendre
au Roy d'Espagne. l'Ambasadeur Gaspari partit de

Barbarie le 3. Decembre de l'an 1578, & continua
heureusement son voyage iusques à Badaion, ou il presenta le corps & les prisonniers à S. M. Catholique;
qui pour premire recognoiscence de ses seruices luy
mit au col vne chesne d'Or du pois de 700 escus ; &
despuis par Patentes du mois de Septembre 1595. luy
donna 500 escus de pension, côme le raporte le mesme
Anthonio Herara. mais ces apointements se pouuoiét
nommer des faueurs, pluftoft que des recôpences, en
consideratiô des seruices qu'il auoit rêdus : quoy que
ce sage Miniftre prefera touiiours les bonnes graces
de Philippe 2. atous les aduantages que luy promettoit Muleyameck ; qui par diuerffes lettres l'affuroit
de luy continuer non feullement les gratifications
qu'il receuoit du feu Roy son frere ; mais encore les
augmenter de beaucoup d'autres presans. au contraire ce genereux seruiteur suiuit despuis touiiours la
Gout d'Espagne à ses despans ; & l'on à remarqué
que du iour de son retour de Maroc, iusques à l'année 1586 il depenca cent nonente six mille, quatre
cent cinquante Marauedis : sans beaucoup dautres
biens qu'il perdit pour ne vouloir se separer du seruice d'Espagne. le Roy Catholique amploya encore
ce sage politique a diffiper les troubles que la mort
de dom Sebaftien auoit faict naiftre dans le Portugal,
& quoy que ce Monarque tienne rang des premiers
dans la sçience du gouuernement, le Conseil de Gafpari luy parut si necessaire ; que sa Majefté luy auoit
donné vn apartement dans l'Escurial, pour l'auoir
touiiours à la porte de son Cabinet. En fin ce grand

personnage deceda à madrid le 4. Mars 1590 nayant
encore 48. ans. son teſtament exprime la magnifique
grandeur de ſon ame: il ordonne d'eſtre enterré ſans
pompe, & porté par huict pauures : trois mille meſ-
ſes en ſon intention ; donne deux mille reaux au lieu
de ſa ſepulture ; mille à l'Hoſpital des Italiés ; & deux
mille à noſtre Dame de Montſerrat, quatre cens eſcus d'Or pour la fabrique d'vne Chappelle au Mona-
ſtere de l'Anonciade de Morſiglia, deux mille pour
y fonder vne Meſſe perpetuelle , & deux mille deux
cent pour les pauures ; auec cent eſcus auſſi d'Or pour
fortifier le Clocher de cette Egliſe , affin que les Religieux ſoient aſſeurer contre les deſcente du Turc. il
donne plus à Fournerio Barthelemy ſon premier do-
meſtique 1500 eſcus d'or, trois cent à Bernardin Corſ-
ſo autre vallet ; & à chaſqu'vn autre de ſes ſeruiteurs
cent eſcus d'or. il laiſſe Iulien negre ſon eſclaue en
liberté ; & s'il veut ſeruir ſes freres, il veut qu'il le
tiennent toute ſa vie ; ſinon qu'on luy donne cent
Reaux. donne encore deux cens eſcus d'or à Pierre
Ximenes de Morillo ſon bon amy ; & ordonne
que l'on nouriſſe tous ſes domeſtiques, hommes ou
femmes vn mois apres ſon deces ; & que l'on rende
aux heritiers de Martin Real , orfevre de Valance ,
600 reaux ; dont le defunct luy auoit faict preſent,
pour obtenir permiſſion de charger vn nauire de bled;
mais parce qu'il auoit apris qu'il s'etoit perdu par vn
naufrage ; il ne veut profiter dudit don. il ſubſtituë
ſon heritier vniuerſel Philippe Gaſpari , ſon frere, &
luy ordonne de payer annuëllement deux cens eſcus
d'or

d'or à son autre frere Mariano Gaspari. il nomme ses executeurs testamentaires, Iean Baron de Kenen Ahyllen, Ambasadeur de l'Empereur, & les Seigneurs Matheo Vasqui de Leca, Ierosme Gazel, & Ximenes de Morillo.

Mariano l'vn de ses dits freres espousa Roque Ianne, Corse, de tres ancienne famille, de la qu'elle il eut Gaspard Gaspari 2. du nom, & Alexendre, le premier deuint François, & fut se rendre habitant de Marseille, ou il se maria auec Damoiselle Anne d'Emeric, de maison tres noble de la ville. Alexandre le seconda dans cette inclination & comme luy prit aliance en la mesme ville, dans la maison de Bauset, si rennommée par ces fidelles & courageux seruiteurs du Roy; & qui dans la reduction de Marseille, comme és autres occasions, ont aussi iustement merité d'estre apellés Lieutenants de son authorité, comme de sa Iustice. Alexandre ne laissa que deux filles, Claire mariée au Baron de Tres, de la maison de Foresta, & Anne Gaspari au Baron de Heroux, de la maison de Clapiers. du mariage de Gaspard 2. sont issus André & Pierre, Valantine & Marthe Gaspari, la premiere fiille à espousé le sieur d'Anthoine Tresorier General de France, l'autre à eu pour mary Monsieur d'Oliere de la tres Illustre maison d'Agoult. André de Gaspari au jour-d'huy viuant, à herité de la succession & du merite de ses grands Oncles; il à long-temps demeuré à la Cour de son Altesse Royalle, ou il a paru aussi spirituel que braue; il s'est trouué en diuerses occasions Militaires: il fut volontaire dans

noſtre armée ſoubs les Duc de Guize, & Mareſchal
d'Eſtrée, lors quelle marcha vers l'Italie pour aſſurer
les Eſtats du Duc de Mantoüe; & lon le remarqua
entre ceux qui furent donner le coup de piſtolet
dans le retranchement des ſauoyars qui ſoppoſoient
à noſtre paſſage: ce Gentil-homme tout magnifique à pluſieurs fois traiété ches luy nos generaux
d'Armée, & nos Ambaſſadeurs; comme le Mareſchal d'eſtrée, le Duc de Luxembourg, le Comte de
Fontenay Marueil,& autres de cette condition: il s'eſt
marié en premieres nopces auec Damoiſelle Louiſe
de Sauorin, de laquelle Il na eu qu'vn fils, Gaſpard
troiſieſme du nom, qui ne degenere point du merite
de ſes Ayeulx: ſes autres fils Ioſeph & Andre Gaſpari
troiſieſme du nom ſont ſortis de ſon ſecond liét,auec
dame Suzane de Riquetti de cette Illuſtre famille
dont iay faiét l'Eloge particulier.

La maiſon de Gaſpari porte pour armes daſur à la
fleur de Lys d'Or, accompagnée de 3. eſtoiles de 8.
raits de meſme 2. en chef & vne en pointe. Cimier
vne fleur de Lys d'Or, ſupports deux Lyons de meſme.

LIBERTAT.

LÉ Fils est souuent semblable à son Pere dans les
meurs, aussi bien que par les traicts du visage;
il à les mesmes impresions, & les mesmes pantes; &
c'est d'ordinaire que nous transmetons nos inclinations à ceux qui reçoiuent nostre sang, auec la tain-

ture des paffions qui nous font plus naturelles. l'A-
mour de la Patrie, & de la liberté, s'eftoit fi forte-
ment emprinte dans le cœur de Iunius Brutus qui
fauua Romme de la Tyrannie de Tarquin; qu'apres
quatre cens ans , elle s'efchaufa encore dans l'vn
de fes nepueux , & luy fit rougir fon pognard du
fang du premier des Cefars , pour diffoudre les chefnes de la feruitude Romaine.

Cette merueille n'eft pas fans exemple , & la mefme Italie à produict d'autres Heros affes braues pour
eftoufer des monftres ; & deliurer leur païs de la
violance des tyrans. la Corfegue à faict des fœus de
ioye pour vne action de cette nature; l'an 1400 Calui
Capitale ville de cette Ifle, donna le nom de libertat,
à celuy qui rompit les chefnes de fon opprefion ; &
cette mefme grandeur de courage, fatalle à tous les
vfurpateurs de la liberté , s'eft fi parfaictement tranf-
mife à fes deffendants, que deux fiecles apres , vn
autre Libertat s'eft rendu le liberateur de fa patrie:
ou plus toft d'vne partie du Royaume de France.

Bayon qui premier porta le nom de Libertat; &
le Trifayeul de ceux qui par vne action bien plus celebre , ont pour la fecóde fois merité ce nõ glorieux,
eftoit forti de famille corfe , quoy que l'Hiftoire
parle moins de fa naiffance que de fon herci-
que valleur. elle dit qu'il eftoit des principaux habitans de Calui , Capitale de l'Ifle de Corfe , & que
deux Barbares Citoiens, apres auoir faict long temps
gemir cette ville foubs le iourg d'vne feruitude in-
fuportable; vouloient encore la liurer à l'Efpanol,

pour luy oster toute esperance de liberté; l'ors que
ce nouueau Brute se déuoüant genereusement pour
le salut de sa patrie; extermina les Tyrans, & rendit le repos à son Païs. le nom de Libertat, fut la
plus noble recompence qu'il r'emporta de sa victoire, & que luy imposerent les Gouuerneurs, & Ma-
gistrats de cette autre Romme deliurée. son fils Baptiste ne treuuant plus de monstres acombatre en son
Païs, porta sa valleur en Sicile, & dans la Calabre:
il si signala en plusieurs occasions Militaires, & sortit
mesme victorieux de quelques combats singuliers. il
fut pere de Barthelemy le premier François de cette
famille, lequel se rendit habitant de Marseille, ou il
s'alia, & eut pour fils, Louys de Libertat, qui pareil
à ce Fleuue Celeste, qui cache quelque temps la
grandeur de sa source, pour faire voir apres auec
plus d'admiration, son lict vaste, & magestueux; re-
ueilla dans son sang cette ancienne grandeur de courage, qui sembloit sommiller despuis le trionphe du
premier Libertat. il fut pere de trois Hercules François, qui donnerent la chasse aux Gerions d'Espagne,
exterminerent la rebellion, & restablyrent l'authorité
Royalle dans la ville de Marseille.

C'estoit au temps des conuülssions de cette Monarchie, & l'ors que la rebellion se couuroit du nom
specieux de la Ligue, pour demembrer le corps de
l'Estat, & s'agrandir du debris de la Couronne : quand
deux perfides subiets; Louys d'Aix, & Charles de
Casaux, acreurent ceste fellonie, pour augmenter les
tropheés de Henry le grand. Ce Prince qui vainquit

autant de fois qu'il trouua d'Ennemis à combatre, &
que le Ciel auoit faict naitre, pour restaurer l'Empire
François ; chassoit l'estranger d'vne partie de cés
Estats: tandis que ces lasches subjets empietoient son
aucthorité dans le gouuernement de Marseille, pour
la remettre à l'Espagnol. les remedes les moins com-
muns s'estoient treuués inutilles pour les diuertir
de ces pernicieux desseins, plus il parroissoint aifés
dans l'excecution, moins ils auoient de bon succés.
En fin les Galleres d'Espagne touchoient desia le
Port ; & quinze cens Espagnols à terre nous venoient fermer les portes de ctte ville ; qu'and le Ciel
nous ouurit auec le bras de ces Heros ; vn moyen
furnaturel pour faire triompher la fidellité au milieu des rebelles. Le docte & éloquant garde de Sçeaux de France, Monsieur du Vair parlant de cette
action, dit que l'on pert l'admiration des autres cho-
ses en les voyant souuant, mais que la sienne se re-
double toute les fois qu'il faict refleôion fur ce prodige in confeuable. vn fouuerain pouuoir tenoit toute la ville foubfmife à ces deux Tyrans ; tout plioit
foubz leur Barbarie : leurs Armes commandoient les
portes, les places, & la Maifon de Ville. Cafeaux
prenoit foing des murailles, tendis que fon collegue
veilloit au dedans ; de forte qu'il ne reftoit plus aux
Marfeillois que des foufpirs, pour regreter le doux
nom de la France, (comme dit le mefme Môfieur du
Vair)& des l'armes pour pleurer leur captiuité : quãd
Pierre de Libertat Cappitaine de la Porte Royalle fit
voir qu'il auoit le cœur tout Royal, & couruft fans
fe

se precipiter au seruice de son Prince, & au secours
de sa patrie : il medita sagement ce qui luy succeda
auec aduantage, & le iour mesme que les traistres
opresseurs deuoient remetre la place à l'ennemy, ce
Heros estant seulement accompagné de Barthelemy,
& Antoine ses freres, marcha d'vn courage intre-
pide contre Casaux, luy fist perdre la vie au milieu
de ses gardes, & du mesme coup qu'il abatit vn Ty-
ran, il chassa lautre; mit en fuitte l'Armée Espagnole,
auec ses galeres, & r'establist le nom de France, la
Iustice, & la paix dedans la ville. Le dix-huitiesme
iour de Feurier de l'an 1596 esclaira c'ste celebre actió,
si importante à l'Estat; que les nouuelles en furent
incontinent portées par toute la France, & l'Italie.
huict iours apres le Cardinal d'Ossat, les ayant apri-
ses à Romme, en escriuit à Monsieur de Ville-Roy;
luy marquant quelles auoient donné vne ioye incro-
yable aux Italiens & François, & redoublé l'ale-
gresse & passetemps de ceste saison. Monsieur de
Ruffi dans son histoire de Marseille escrit que le
Roy en estant aduerti, ne peut s'empecher de dire,
c'est maintenent que ie suis Roy, & sa Majesté hônora incontinent Monsieur de Libertat de la lettre suiuente.

Cher & bien amé, vous aues faict vn acte si genereux pour la liberté de vostre patrie, & de vos concitoyens, que quand nous ni aurions aucun interest,
nous ne laisserions, de loüer vostre vertu; par ou vous
pouues croire, ce que vous deués esperer du seruice
que vous nous aués faict en ceste occasion, qui est
le plus grand, & singulier, que nous pouuions re-

ceuoir; non feulement de vous, mais auffi de nul
autre de nos feruiteurs & fubiets au moyen dequoy
nous vous affeurons premierement, que nous vous en
fçaurons bon gré à iamais, & le recognoiftrons enuers vous, & les voftres, eternellement. Seconde-
ment que nous vous ferons ioüir de tout ce que
noftre tres cher nepueu le Duc de Guife, Gouuerneur & noftre Lieutenant General en noftre païs
& Comté de Prouence, vous à promis & acordé à
noftre nom, dont nous vous en ferons dépecher les
lettres, & prouifions neceffaires, comme nous ferons,
pour la confirmation & conferuation des libertés
& priuileges de noftre ville de Marfeille, & finale-
ment que nous vous ferõs feruir d'exemple à vn chacun, & de memoire à la pofterité de noftre gratitude comme de voftre fidelité, en laquelle nous vous
prions de perfeuerer. Donné au Camp de Rofny le
fixiefme Mars mil cinq cens nonante fix.

Ces promeffes furent prefque à mefme tempt accompagnées de la recompáce, le Roy le crea viguier
perpetuel, & Capitaine de la porte Royale de Marfeille, Gouuerneur du fort noftre Dame de la Garde,
luy donna deux Galeres entretenuës, auec cent hommes d'Armes, & enuiron cinq cent mille liures de
derniers comptens : & la ville de Marfeille pour eter-
nifer fes actions de grace enuers le Ciel ; en confideration de fa liberté recouurée ; ordonna vne fefte
& Proceffion Generalle, qui fe celebreroit tous les
ans, le jour de cette glorieufe action. Mais bien toft
les Cyprés fe meflerent aux lauriers de noftre Heros,

qui fut chercher au Ciel vn plus long repos que celuy qu'il auoit procuré à fon païs. il deceda le deuxiefme Auril de l'an 1597 traize mois & 26. iours aprés
la reduction de Marfeille. fes funerailles furent fai-
&tes au defpens du public; Monfieur du Vair Prefident au Parlement de Prouence, & defpuis garde
de Sçeaux de France, prononça fon Oraifon Funebre, & le Confeil de la ville ordonna vn feruice an-
nuel en fon intention, auquel les Viguier & Confuls
feroient obligés d'affifter, & que fa Statuë de bronze ou de marbre feroit éleuée en lieu eminent dans la
fale de l'Hoftel de ville ; il fut encore defpuis delibe-
ré le vingt neuf Iuillet mil fix cens dix, que l'on
drefferoit la Statuë de marbre (du mefme Heros) à
la porte Royalle de Marfeille, dans le pied deftail
de laquelle, fe lifent encore au iour-d'huy ces pa-
rolles, compofées par vn do&te Aduocad de la noble
maifon de Cordié.

*Petro Libertæ Libertatis affertori Heroi, malorum
auuerrunco. Pacis ciuiumque reftauratori, quod eius
aufpicijs, ab infeftifima Cafali Tyrannide patriam Li-
berauit, actuarias hifpaniarum Claffes à portu expulerit,
quod tandem Henrico quarto Regi Chriftianiſſimo ac
femper Augufto vrbem reftituerit, & profligatis ciuibus
Libertatem ominato nomine donarit, hoc infigne Statua
tropheum S. P. Q. M. decreuit.*

l'Enuie qui ne fai&t que des injuftices, couurit dépuis de l'obfcurité d'vne nui&t, vne a&tion beaucoup
plus noire, faifant abatre la Statuë de ce grand homme, en croyant en efteindre le fouuenir, mais 43. ans

aprés, elle à esté remise en sa premiere place, soubs
le Consullat de Messire Antoine de Fœlix, qui ne
medite, & ne procure que des couronnes pour les a-
mes verteuses, & na pas sans doute acquis moins de
gloire par cette action, que les autres auoint encou-
ru de blasme.

Pierre de Libertat pareil aux plus grands hommes
de l'antiquité, n'a point laissé d'enfants. Barthelemy
son frere succeda en tous se biens, & de son mariage
auec Damoiselle Ieanne de Sacco, de tres noble famille dont j'ay faict l'Eloge; n'eut que deux filles,
Isabeau mariée auec Messire Laurens d'Vrre de Bru-
tins, Seigneur de Paris, & de Montanegre, d'Illustre
maison du Dauphiné; de laquelle entre plusieurs
grands hommes; sont sortis ce dernier siecle les Seigneurs d'Aigue-Bonne, & Chaude-Bonne, & vn
grand Prieur de sainct Gilles: la seconde fille de Barthelemy de Libertat nômée Claire, espousa Messire
Gaspard de Fourbin, Marquis de Ianson de maison
cognuë entre lesplus Illustres de la Prouince; duquel
mariage sont sortis, Monsieur le Marquis de Ians-
son auiour-d'huy viuent, Monsieur l'Euesque de Phi-
ladelphe Quoadjuteur de Digne, & Messieurs les
Cheualiers de Ianson.

Antoine de Libertat le puisné, qui seconda l'action de
son frere, par vn coup de pique qu'il porta dãs la gor-
ge de Casaux, a laissé vn fils apellé Pierre, qui auec le
nõ de son oncle, possede la mesme valeur, & garde la
mesme passiõ pour le seruice du Roy; il est cõme les
siens Capitaine de la porte Royalle, & c'est bien luy
faire

faire justice ; que de luy confier ce que sa maison a
sçeu si bien garder pour la France. l'on peut aussi dire
de ce Gentil-homme ce que l'on rancontre difficille-
ment, qu'ayant beaucoup d'amis que sa sagesse &
prudence luy conseruent, il n'a point d'ennemis,
& que parmy les diuisions, les partis, & querelles de
ses Concitoyens, il est tousiours le tiers & l'arbitre,
employent ses soings à conseruer le repos que sa famille a restably dans la ville: Il à droit de preceder
les Capitaines, & marcher immediatement apres les
Consuls Gouuerneurs de Marseille l'ors de la Pro-
cession Generalle, qui se faict tous les ans le dix sept
Feurier, & le l'andemain au Seruice celebré en l'Egli-
glise de l'Obseruance. de plus, ceux de cette maison
sont exemps des droicts de l'once de la chair, & autres
impossitions, par arrest du Parlement du 22 Decembre 1604. & ce à l'exemple du decret du Senat de
Genes, qui fit le mesme en faueur d'Andre d'Oria,
apres qu'il eust recouuré la liberté de sa patrie; & côme les illustres familles doiuent ce soing à la poste-
rite de se perpetuer par des mariages dignes delles,
le mesme sieur de Libertat à espousé Damoiselle de
Marseille de Boisson, merueille, tenue en Baptesme
par les Consuls de ceste ville, & fille de Georges de
Boisson, sieur de Merueilles, Tresorier General de
France, qui renaist au iourd'huy en la personne de
Iean François de Boisson, sieur aussi du mesme lieu,
l'vn des plus verteux, & acheués Gentil-hommes
de la Prouence.

Antoine de Libertat àencore laiſſé vne fille, mariée à
Meſſire Iean Baptiſte de Vilages, de tres Illuſtre maiſon de laquelle iaj parle en c'eſt ouurage.

La famille de Libertat porte pour Armes, coupé
d'Azur, & de Geulles, l'vn chargé d'vne tour d'Argent, acoſtée de deux fleurs de Lys d'Or, & ſurmon-
teé d'vne de meſme par conceſſion du Roy, le coupé
en poincte eſt chargé d'vn Lyon paſſant d'Or, Cimier
vn Lyon naiſſant des Armes, ſuportz deux Lyons de
meſme.

MIOLANS.

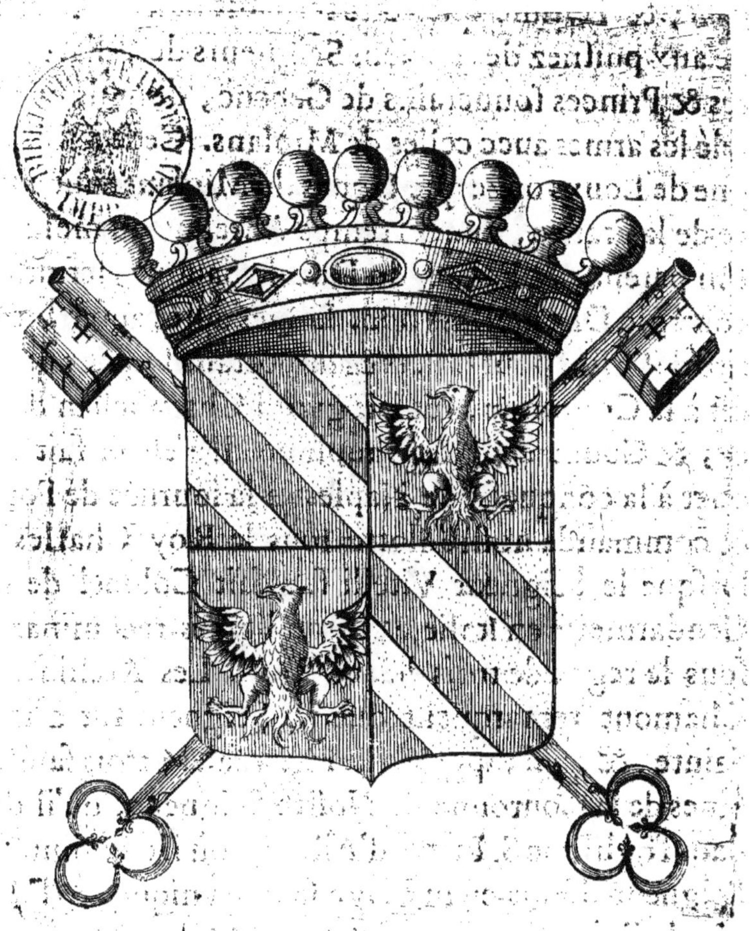

QVOY que les Seigneurs de ce nom semblent tirer
leurs origines de Sauoye, dont ils portent qualité
de premiers Barons; il est asseuré que le pays de Miolans,
ou des Medulois a tousiours esté habité par les peuples
de Ligurie, comme l'a remarqué le Commentateur de
Pline qui dit expressement ces mots.

Medulli

Medulli vel Miolani ſunt populi Ligurum ſupra Sauo-
nani ; & i'eſtime que cette terre fut donnée en appana-
ge aux puiſnez des anciens Seigneurs de Villars, Comtes & Princes ſouuerains de Geneue, dont ils ont eſcartelé les armes auec celles de Miolans. Ce fut ſous le regne de Louys onze que Iaques de Miolans vint au ſeruice de la France, auquel temps Antelme du meſme nom
ſon parent, & Fauory du Duc de Sauoye, ſeruit le Roy
contre le Duc de Bourbon. Iaques apres auoir bien merité de l'Eſtat pour diuers & importans ſeruices qu'il rendit à la Couronne, fut fait grand Chambellan de France, & Gouuerneur du Dauphiné. Il s'eſtoit fait remarquer à la conqueſte de Naples, à la iournée de Foruoüe,
& commanda noſtre flotte ſous le Roy Charles huit :
lorſque le Seigneur Vitelli fut fait Colonel de noſtre
Gendarmerie en Italie, & ſe rendit tres-recommandable
ſous le regne de trois de nos Roys. Les Archiues de S.
Chamont remarquent que ce Seigneur fut à la terre
Sainte, & qu'il rapporta de Hieruſalem trois ſaintes Eſ-
pines de la Couronne de Noſtre Seigneur, qu'il depoſa
dans l'Egliſe de S. Pierre d'Albini, où il eſt inhumé. Ce
Seigneur donna en mariage ſa fille vnique, & l'vne des
plus belles de ſon temps à Louys Mit de Cheurieres Mareſchal & Seneſchal de Bourbonois, de laquelle il eut
Iean troiſieſme du nom auſſi Seneſchal de Bourbonois,
& pere de Louys deuxieſme Miniſtre d'Eſtat, lors de la
priſon de François-premier qui l'appelloit ſon ſage
Cheualier, & lequel commença d'ecarteller les armes de Miolans auec les ſiennes, & prit pour femme
Magdeleine de Couſſol fille de Iaques Seneſchal de
Beaucaire,

Beaucaire, de laquelle il eut Iean quatriefme du nom, pere de quinze fils qu'il eut de fon mariage auec françoife Marefchal fille de Iaques & de Laurence de Hurieu ; le dernier defquels nommé Iaques fucceda à tous fes freres. Ce Seigneur fut Ambaffadeur en Piedmont, Lieutenant de Roy en Lyonnois, Cheualier des Ordres de fa Majefté, & efpoufa Gabrielle Heritiere de S. Chamont, qui le fit pere de Melchior Mit de Cheurieres, premier Marquis de S. Chamont & de Montpefat, Comte de Miolans & d'Anjou, premier Baron de Sauoye & de Lyonnois, Cheualier des Ordres du Roy, grand homme d'Eftat, bon foldat & fage Capitaine, l'Oracle & l'ornement de fon fiecle ; apres auoir efté quatorze ans Marefchal de Camp, le Roy le fit par trois diuerfes fois General de fes armées en Chef : & ce fut en cette qualité qu'il replaça le Duc de Mantouë fur le Throfne de fes Peres, qu'il défit Mansfeld, & gaigna cette importante bataille qui reftablit l'authorité du Roy en Allemagne. L'on ne peut dire fans admiration qu'il a efté vingt-trois fois Ambaffadeur ordinaire ou extraordinaire du Roy, prez des premiers Princes de l'Europe : il a remply auec grande conduite & fidelité les charges de Lieutenant de Roy ez Prouinces de Lyonnois, Foreft, & Beaujelois, & de Prouence : a efté Gouuerneur de Calais, Sifteron, de la Rochelle, & de l'Ifle de Rets. Ce Seigneur a laiffé deux fils apres luy viuans, efquels fes vertus magnifiques & genereufes font encores en action. Ils fortent de fon mariage auec Madame Ifabel de Tournon, fille de Iuft Louys Comte de Tournon, & de Charlotte de la Rochefoucault. Iuft Henry Marquis de S. Chamont fon

principal

principal heritier a espousé Madame Catherine de
Grammont sœur du fameux Mareschal & Duc de ce
nom, de qui la haute valeur augmente encores les aduantages que luy donne sa naissance par les alliances des
Roys de Nauarre, & de plusieurs Princes de l'Europe.

Armand Comte de Miolans & d'Anjou, puisné de
Monsieur le Marquis de S. Chamont a pour femme Madame Susanne de la Porte, de tres-ancienne maison en
Dauphiné, de laquelle estoit Guyone de la Porte, femme du vaillant Pierre de Chaponay renommé au siege
de Gironne, où il commandoit vne compagnie de cent
hommes d'armes sous Guy de Lusignan Comte de la
Marche l'an 1285. auquel temps nous liurâmes vn si sanglant combat à l'ennemy, que le Roy d'Arragon y fut
blessé à mort.

Iaques de Miolans portoit pour armes escartelé au
premier & quatriesme, bandé d'or & de gueule aux
deux & trois, de gueule à l'Aigle d'argent ; cimier vn
Pelican sur vn bucher semé de flammes ; supports deux
Aigles d'argent ; deuise, *Nul n'a tant fait pour moy.*
Ces susdites armes sont ornées de deux clefs en sautoir,
à cause de la charge de grand Chambellan dont il estoit
pourueu.

FREGOSE.

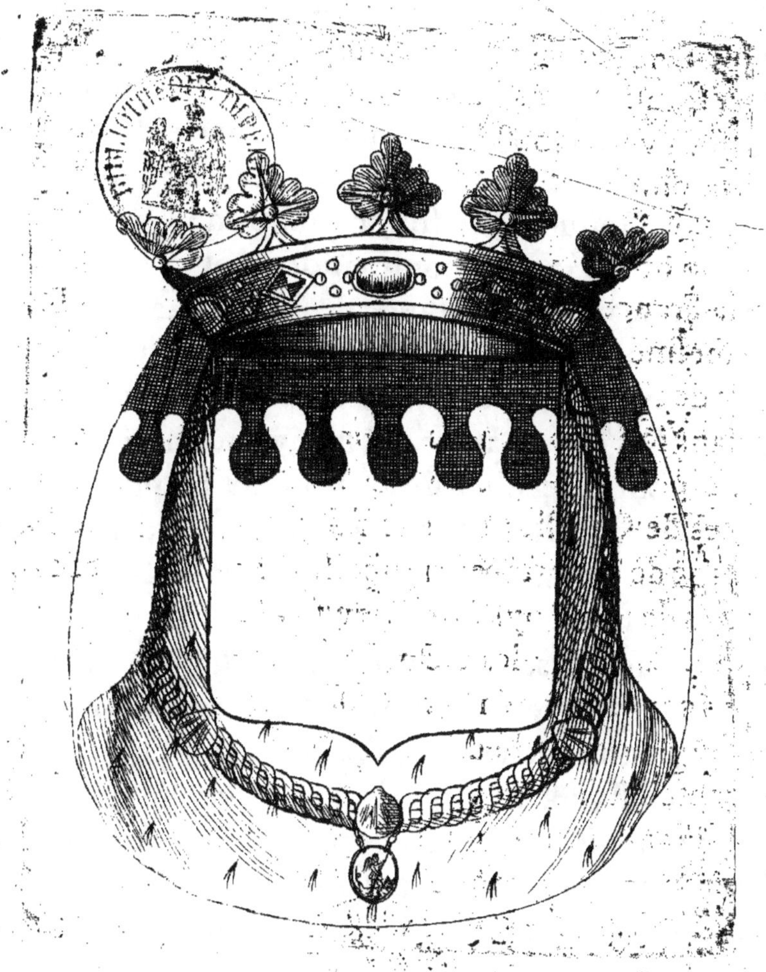

IL est ordinaire de rencontrer des diuisions de party
dans vn Estat troublé, mais on ne voit guiere de partisans si zelez pour l'honneur & la gloire qu'ils deffen-
dent, qu'ont esté les illustres Fregoses pour l'Empire &
l'authorité de nos Roys; le nombre de leurs ennemys
accreut celuy de leurs victoires, & leur valeur tant de
fois

fois exercée dõna plus de bruit à leur merite. Pierre Fregofe Duc de Genes , ne commença point à nous exprimer fes affections par des mediocres tefmoignages, il enuoya vn Ambaffadeur au Roy Charles fept luy offrir cette puiffance fouueraine dans la Seigneurie dont il tenoit le Gouuernail ; fon inclination luy faifant preferer fon obeiffance au commandement ; & la protection de la France, à la puiffance de fon Regne. Iean Baptifte du mefme nom General des galeres de Louys troifiefme Roy de Naples, feruit vtilement ce Monarque dehors & dedans fon Eftat, aprés auoir luy-mefme équippé vne flotte pour le fecours de la Ville de Naples contre les forces de Caftille ; mais ce fut principalement lors du paffage de nos armées Françoifes dans l'Italie, & fous les regnes de nos Roys Louys douze & François premier, que les Baptiftes, les Octauians, Frederics & Cæfar Fregofes commencerent à nous defcouurir leurs cœurs par les fanglantes bleffeures qu'ils receurent pour maintenir nos interefts : & que ces dignes Heros fe facrifians au nom François, ne connurent plus d'amys que les noftres, & renoncerent mefmes au fang & à la Patrie pour n'efpoufer que noftre party. L'affection dont Iean Baptifte Fregofe accompagna fes feruices prez du Roy Louys douziefme le rendirent fi confiderable en noftre Cour, qu'aprés que fa Majefté eut occuppé la fouueraine de l'Eftat Genois, luy en commit le Gouuernement ; & deux ans apres fon frere Zacharie fut tué en deffendant les armes du Roy dans cette place contre l'entreprife des Adornes. François premier à fon euenement à la Couronne en receut vne feconde de la main d'Octa-

uian

uian Fregofe fils de Iean , qui quitta fon Throfne pour
y placer l'authorité du Roy , & prefera le Colier de l'Ordre de France à fa Souueraineté , qu'il depofa ez mains
de fa Majefté ; il fe mit en campagne pour reduire fous
cette mefme obeyffance les Villes d'Alexandrie , de
Tortonne , & toutes les places qui tenoient contre nous
au delà du Pó. La maladie qui preceda fa mort arrefta
le cours de nos profperitez en fon pays , & donna lieu à
Profpere Colonne d'entreprendre fur la Ville de Genes,
fçachant l'indifpofition de ce perfonnage d'excellente
vertu , grand Iufticier , & qui poffedoit des qualitez qui
l'auoient autant fait aymer qu'aucun Prince qui l'eut
precedé. Cæfar Fregofe autre Heros de fon temps ayda
à reprendre encores Genes fur les ennemys, & joignant
fa valeur à celle de fon Beaufrere le Comte Guy de Rangon , il eut part à nos victoires de Piedmont, où le Roy
luy auoit donné deux mille hommes à commander lors
du Siege Imperial deuant la Ville d'Aix en Prouence.
Le mefme Cæfar accompagné de fon frere Hercules de
Fregofe, Guy de Rangon , & le Vicomte Palauiffin , fit
vne nouuelle entreprife fur Genes, ce qui obligea l'Empereur de decamper pour enuoyer vne partie de fes forces au fecours de la place que Paul Fregofe auoit cy-
deuant voulu furprendre vne autre fois. Enfin ce fut
Fregofe qui eftant enuoyé Ambaffadeur du Roy François à la Cour de Solyman , fut facrifié à la haine de nos
ennemys auec Beniforcius Centurion autre illuftre perfonnage des principales familles de la Republique ; &
ce fut leur mort qui obligea le Roy de rompre la treue,
qui eftoit lors entre les deux Couronnes. C'eft de ce

mefme

mesme sang qu'estoit Pierre Fregose frere de Dominique Duc de Genes, lequel auec quelques galeres se rendit Maistre de tout le Royaume de Cypre l'an 1373. & qui seroit tombé au pouuoir de la Republique si son Roy n'eut demandé la paix en donnant la Ville de Famagouste pour ostage à la Seigneurie. La Serenissime Republique reçoit encores des continuels seruices de cette genereuse famille ez personnes de Iean Bernard Fregose & autres considerables Gentilhommes de ce nom, qui portent pour armes,

D'argent au chef enté en onde de sable; cimier vne Aigle; support deux de mesme.

Le Cardinal Frederic Fregose portoit ses armes escartelées auec celles de Borgogne, ancien & moderne; & Galeas de mesme nom auoit pris pour deuise vne Aigle volant à trauers des foudres auec ces paroles Espagnolles, *Ni matarme, Ni spantarme.*

L'HOMME vertueux se soustient sur sa prôpre force, c'est vn cube qui trouue sa baze par tout, & que le vent de l'aduersité n'ébranfle que pour le rendre plus affermi : le feu des factions ciuiles ayant embrazé vne partie de l'Italie au temps que nos armes y estoient plus florissantes, & que l'amour de la France y auoit gai-
gné

gné les cœurs de plusieurs Illustres personnages, Iean de Chiauary noble Genois fut l'vn de ceux qui pour s'estre possible rendu trop zelé partisan de nos aduantages fut contraint de quitter ses biens & son pays, comme firent les Comtes de Vintemille & plusieurs autres, pour ne se point separer de nos interests. Ce fut l'an 1409. que ce Gentilhomme passa la mer auec Bernard de Seue autre Illustre personnage de la mesme Republique, & le premier qui a donné commencement à cette famille si fertile en grands hommes d'Estat & de Iustice; & dans ce mesme voyage Iean de Chiauary contracta vne si estroite amitié auec luy, qu'il fit vn mariage de Iaques son fils auec Françoise de Seue fille dudit Bernard. Iean de Chiauary apres auoir choisi sa residence en la Ville d'Arles, alla à la Cour de Louys douziesme, où il fut reconnu de noble extraction par lettres à luy accordées par sa Majesté en la Ville de S. Denis en France, en Nouembre l'an 1514. signée Louys Comte de Prouence, & plus bas Bonodis. Les lettres scellées du grand seau de cire verte, pendant au lac de soye rouge & verte. Apres peu de sejour en Prouence ce nouueau François vit ioindre à la recompense de son merite les charges de Consul & de Capitaine du Guet, & Sousclauaire de la Ville d'Arles: il receut aussi le contentement d'auancer Iean son fils à la mesme dignité, & se rendit si zelé pour le seruice de la France, qu'il suruesquit d'vn œil sec à Boniface de Chiauary son puisné, lequel fut tué à Bellegarde en Languedoc l'an 1551. commandant vne compagnie de cheuaux legers dans nostre armée. Et ce fut en ce grand homme que la qualité de seruiteur du Roy preualut

ualut celle de pere, eſtouffant dans l'ame le ſentiment de
la nature pour y faire regner l'amour de ſa nouuelle Patrie. Depuis luy tous ſes ſucceſſeurs n'ont eu qu'vn meſme ſentiment pour la grandeur de cette Monarchie, &
n'ont iamais relaſché de ce glorieux exercice de valeur
& de fidelité. Auſſi ce ſang noble & genereux n'eſt paſſé
que dans des nobles alliances, telles que des anciens
Comtes de Marſeille, de Vintemille, d'Arcuſſia, de l'E-
ſtang de Parade, Cauaillon, de Cabaſſolle, de Puget, de
Merle Beauchamps, de Latuë, des grands Baillifs de
Manoſque, des Conſtantins de Nice, de Neyran Dubaye,
& autres illuſtres familles qui rendent cette branche
non moins eſclatante que la tige qui eſt reſtée dans la
Republique de Genes, quoy qu'elle ayt eu l'honneur
d'en auoir porté pluſieurs fois la couronne ez perſonnes
de Magnifique Hieroſme Ambaſſadeur vers François
ſecond, & de Iean Luc ſon fils à l'an 1616. auſſi Ambaſſadeur vers Louys Treize, & General des galeres de la
Republique l'an 1618. comme auſſi Ambaſſadeur vers le
Pape Vrbain huictieſme, auiourd'huy Procureur perpetuel de la Republique, & qui marque l'eſtime qu'il a
pour ſes parens de France par la lettre de reſponſe qu'il
a faite en 1642. au ſieur Louys de Chiauary Seigneur de
Montredon, l'aiſné de cette maiſon, qui eſt decedé depuis quelques années au grand Prieuré de Tholoſe, où
il eſtoit allé voir le grand Prieur de Beauchamps ſon
Oncle; & a laiſſé vn fils nommé Henry, auiourd'huy le
Chef de cette famille, de laquelle ſont pareillement iſſus
Claude de Chiauary marié, auec Pierre de Giraud, Nicolas de Chiauary, Cabaſſolle qui a pour femme Marguerite

guerite d'Antonnelle Defalbers, le fils duquel eft Page de
la Reyne. Robert troifiefme du nom de Chiauary, amy
des lettres, & particulierement verfé dans la connoif-
fance de l'Hiftoire Genealogique, & fcience des Heros,
marié auec Françoife de Gleyfe, dont il a des enfans;
Claude frere dudit Robert, & Iaques de Chiauary Cheualier de Malthe qui poffede trente années d'ancienneté
dans la Religion.

La Maifon de Chiauary qui eft en France porte pour
armes d'or au lyon de fable lampaffé de gueules, couronné du fecód qui eft le cimier des anciennes armes de
la famille dudit, que continuent de porter ceux de la tige
qui eft à Genes, qui ont pour armes d'or à deux cólom-
nes de gueules, & portent auffi la couronne Ducale à
caufe des Magnifiques Seigneurs de ce nom, qui ont
efté Ducs de la Republique; en confideration duquel
honneur i'ay fait orner celles de leurs alliez d'vn cercle
que l'on donne aux Barons de France.